rororo

rororo

Michel Houellebecq

geboren 1958, arbeitete als Ingenieur und Informatiker. Er veröffentlichte zwei Gedichtbände und Essays, bevor sein umstrittener Roman «Ausweitung der Kampfzone» (rororo 22730) erschien. Dieser wurde mit dem «Grand Prix National des Lettres» sowie dem «Prix Flore» für den besten Erstlingsroman ausgezeichnet und inzwischen auch verfilmt. Seit den heftigen Debatten um seinen zweiten Roman «Elementarteilchen», der monatelang Platz eins der französischen Bestsellerliste besetzte, gilt Houellebecq in Frankreich als wichtigste literarische Stimme seiner Generation.

Michel Houellebecq

DIE WELT ALS SUPERMARKT

Interventionen

Deutsch von Hella Faust

Rowohlt Taschenbuch Verlag

Im Unterschied zur französischen Ausgabe sind auf Wunsch des Autors die Texte «Die Feier», «Leerer Himmel» und «Reisebericht» hinzugekommen; «Opera Bianca» ist entfallen.

4. Auflage Juli 2002

Veröffentlicht im Rowohlt Taschenbuch
Verlag GmbH, Reinbek bei Hamburg,
Februar 2001

Umschlaggestaltung C. Günther/W. Hellmann
(Foto: R. Monfourny/Les Inrockuptibles)
Satz Swift PostScript, PageOne
Gesamtherstellung Clausen & Bosse, Leck
Printed in Germany
ISBN 3 499 22849 1

Die Schreibweise entspricht den Regeln
der neuen Rechtschreibung.

DIE WELT ALS SUPERMARKT

INHALT

Der Roman, von gleicher Gestalt wie der Mensch, sollte normalerweise alles von ihm enthalten können. Man glaubt beispielsweise zu Unrecht, dass die Menschen ein rein materielles Leben führen. Gewissermaßen parallel zu ihrem Leben stellen sie sich unentwegt Fragen, die man in Ermangelung eines besseren Ausdrucks *philosophisch* nennen muss. Ich habe diesen Zug in allen Klassen der Gesellschaft, von den einfachsten bis in die gebildetsten hinein, beobachten können. Physischer Schmerz, Krankheit und Hunger machen es unmöglich, diese existenziellen Fragestellungen vollständig zum Verstummen zu bringen. Dieses Phänomen hat mich schon immer beschäftigt und mehr noch die Tatsache, dass man es verkennt. Es steht in so lebhaftem Kontrast zu dem zynischen Realismus, der seit einigen Jahrhunderten in Mode ist, will man über die Menschheit reden.

Die «theoretischen Überlegungen» scheinen mir folglich ein genauso guter Romanstoff zu sein wie alle anderen auch, ja ein besserer als die meisten anderen. Das Gleiche gilt für Diskussionen, Gespräche, Debatten … Es gilt noch offensichtlicher für die Literatur-, Kunst- oder Musikkritik. Im Grunde müsste man alles in ein einziges Buch verwandeln können, an dem man bis zu seinem Tod schriebe. Es scheint mir eine vernünftige, glückliche Lebensweise zu sein und eine, die sich bis auf wenige Dinge vielleicht sogar in die Praxis umsetzen lässt. Die einzige Sache, von der ich in Wirklichkeit glaube, dass sie sich schwierig in einen Ro-

man einfügen lässt, ist die Poesie. Ich sage nicht, dass es unmöglich ist, ich sage, dass es mir sehr schwierig vorkommt. Es gibt die Poesie, es gibt das Leben. Zwischen den beiden gibt es Ähnlichkeiten, mehr nicht.
Der offensichtlichste gemeinsame Nenner der hier versammelten Texte ist, dass man mich gebeten hat, sie zu schreiben. Sie sind in verschiedenen Zeitschriften veröffentlicht und dann unauffindbar geworden. Im Sinne des oben Gesagten hätte ich in Erwägung ziehen können, sie in einem größeren Werk weiterzuverwenden. Ich habe es versucht, es ist mir aber nur selten gelungen. Mir liegt jedoch noch immer an diesen Texten. Das ist, kurz gesagt, der Grund dieser Veröffentlichung.

M. H.

JACQUES PRÉVERT IST EIN ARSCHLOCH

Jacques Prévert ist jemand, dessen Gedichte man in der Schule lernt. Aus ihnen geht hervor, dass er Blumen mochte, Vögel, die alten Stadtviertel von Paris usw. Die Liebe schien ihm in einer Atmosphäre der Freiheit zu erblühen. Er war allgemein *eher für* die Freiheit. Er trug eine Schildmütze und rauchte Gauloises. Man verwechselt ihn zuweilen mit Jean Gabin. Er war es übrigens, der die Drehbücher für *Hafen im Nebel, Pforten der Nacht* usw. schrieb. Er schrieb auch das Drehbuch für *Die Kinder des Olymp*, das man für sein Meisterwerk hält. All das sind genügend gute Gründe, um Jacques Prévert zu hassen, vor allem, wenn man die nie verfilmten Drehbücher liest, die Antonin Artaud zur gleichen Zeit schrieb. Es ist traurig festzustellen, dass dieser widerwärtige *poetische Realismus*, dessen wichtigster Vertreter Jacques Prévert war, noch immer verheerende Auswirkungen hat. Man glaubt, Leos Carax ein Kompliment zu machen, wenn man ihn dazu zählt (genau wie man Rohmer wahrscheinlich für einen neuen Guitry hält, usw.) Das französische Kino hat sich vom Aufkommen des Tonfilms in Wirklichkeit nie erholt. Es wird zum Schluss daran zugrunde gehen, was nicht weiter schlimm ist.

Jacques Prévert hatte in der Nachkriegszeit, ungefähr zur gleichen Zeit wie Jean-Paul Sartre, ungeheuren Erfolg. Man ist wider Willen vom Optimismus dieser Generation verblüfft. Heute wäre der einflussreichste Denker eher jemand

wie Cioran. Damals hörte man Vian, Brassens … Verliebte, die sich auf öffentlichen Parkbänken abknutschen, Babyboom, der massenhafte Bau von Sozialwohnungen, um all diese Leute unterzubringen. Viel Optimismus, Glaube an die Zukunft und ein wenig Idiotie. Wir sind unbestreitbar viel intelligenter geworden.
Bei den Intellektuellen ist Prévert weniger gut weggekommen. Und das, obwohl seine Gedichte nur so strotzen von stupiden Wortspielen, die bei Bobby Lapointe so gefallen. Aber es ist wahr, dass das Chanson ein, wie man sagt, *minderwertiges Genre* ist und dass auch der Intellektuelle sich entspannen muss. Wenn man den geschriebenen Text, seinen wirklichen Broterwerb, unter die Lupe nimmt, wird der Intellektuelle unerbittlich. Die «Textarbeit» bleibt bei Prévert dürftig. Er schreibt schlicht und wirklich ungezwungen, mitunter sogar gefühlvoll. Er interessiert sich weder für den Stil noch für die Unmöglichkeit zu schreiben. Seine große Inspirationsquelle ist eher das Leben. Den Dissertationen ist er daher im Wesentlichen entkommen. Heute hingegen zieht er in die Pléiade ein, was einem zweiten Tod gleichkommt. Sein Werk liegt vor uns, komplett und erstarrt. Ein ausgezeichneter Grund, sich zu fragen, weshalb die Poesie von Jacques Prévert so mittelmäßig ist, dass man sich bei ihrer Lektüre manchmal schämt. Die klassische Erklärung (es fehle seinem Stil an «Strenge») ist völlig falsch. Seine Wortspiele, sein leichter und klarer Rhythmus bringen Préverts Weltanschauung in Wirklichkeit perfekt zum Ausdruck. Die Form passt zum Inhalt, wohl das Höchste, was man von einer Form verlangen kann. Wenn ein Dichter zudem bis zu diesem Grad ins Leben eintaucht, in das wirkliche Leben seiner Zeit, wäre es eine Beleidigung, ihn mit

rein stilistischen Kriterien zu bewerten. Wenn Prévert schreibt, dann deshalb, weil er etwas zu sagen hat. Das gereicht ihm ganz zu seiner Ehre. Was er zu sagen hat, ist leider von grenzenloser Dummheit. Es wird einem manchmal übel. So gibt es hübsche nackte Mädchen, Spießer, die wie Schweine bluten, wenn man ihnen den Hals aufschlitzt. Die Kinder sind sympathisch unsittlich, die Strolche verführerisch und potent, denen die hübschen nackten Mädchen ihre Körper hingeben. Die Bürger sind alt, fett, impotent, mit der Ehrenlegion geschmückt und ihre Frauen frigide. Priester sind widerwärtige alte Ekel, die die Sünde erfunden haben, um uns das Leben zu vergällen. All das ist bekannt. Man kann dem Baudelaire vorziehen. Oder gar Karl Marx, der sich wenigstens nicht in der Zielscheibe irrt, wenn er schreibt, dass «der Triumph der Bourgeoisie die heiligen Schauer der religiösen Extase, des ritterlichen Enthusiasmus und der Dreigroschensentimentalität in den eiskalten Wassern des egoistischen Kalküls ertränkt hat»[1]. Intelligenz ist beim Schreiben von Gedichten keine Hilfe. Sie kann jedoch verhindern, dass man schlechte Gedichte schreibt. Jacques Prévert ist ein schlechter Dichter, vor allem deshalb, weil seine Weltsicht platt, oberflächlich und falsch ist. Sie war schon zu seiner Zeit falsch, heute aber springt seine Unbegabtheit so sehr ins Auge, dass das gesamte Werk die Darlegung eines gigantischen Klischees zu sein scheint. Philosophisch und politisch gesehen ist Jacques Prévert vor allem ein Libertin, das heißt im Wesentlichen ein Dummkopf.

«In den eiskalten Wassern des egoistischen Kalküls» plät-

[1] *Der Klassenkampf in Frankreich*

schern wir seit unserer zartesten Kindheit. Man kann sich daran gewöhnen, versuchen zu überleben. Man kann auch darin versinken. Aber es ist unmöglich sich vorzustellen, dass allein die Freisetzung von Lustgefühlen in der Lage sein soll, eine Erwärmung herbeizuführen. Die Anekdote will, dass es Robespierre war, der darauf bestand, der Losung der Republik das Wort Brüderlichkeit hinzuzufügen. Heute sind wir imstande, diese Anekdote angemessen zu würdigen. Prévert hielt sich mit Sicherheit nicht für einen Anhänger der Brüderlichkeit. Robespierre jedoch war alles andere als ein Gegner der Tugend.

Dieser Artikel erschien in der Nummer 22 (Juli 1992) der Zeitschrift Lettres françaises.

Das Ziel der Feier ist es, uns vergessen zu machen, dass wir einsam, elend und dem Tode geweiht sind. Anders gesagt, es ist das Ziel der Feier, uns in Tiere zu verwandeln. Deshalb hat der Primitive ein hoch entwickeltes Gespür fürs Feiern. Eine gute Dosis halluzinogener Pflanzen, drei Tamburins, und die Sache geht in Ordnung: ein Nichts amüsiert ihn. Im Gegensatz dazu gerät der durchschnittliche Westeuropäer erst am Ende endloser *Rave-Partys*, aus denen er taub und mit Drogen voll gepumpt herauskommt, in eine unzulängliche Ekstase: *Er hat überhaupt kein Gespür mehr fürs Feiern.* Sich seiner zutiefst bewusst, den anderen vollkommen fremd, terrorisiert vom Gedanken an den Tod, ist er wirklich unfähig, zu welcher Fusion auch immer zu gelangen. Trotzdem bleibt er eigensinnig. Der Verlust seiner tierischen Kondition betrübt ihn, er empfindet darüber Scham und Verdruss. Er wäre gern ein Lebemann oder würde zumindest gern als ein solcher gelten. Er befindet sich in einer scheußlichen Lage.

WAS HABE ICH MIT DIESEN ARSCHLÖCHERN ZU TUN?

«Wenn sich zwei von euch in meinem Namen vereinen, werde ich in ihrer Mitte sein» (Matthäus, 17, 13). Das ist genau das Problem: vereint in wessen Namen? Was rechtfertigt es im Grunde, miteinander vereint zu sein?

Vereint, um sich zu amüsieren. Das ist der schlimmste der Fälle. Unter diesen Umständen (Nachtclubs, Volksfeste, Feiern), die sichtlich nichts Amüsantes an sich haben, gibt es nur eine einzige Lösung: anbaggern. Man verlässt sodann die Gattung Feier, um in einen rauen narzisstischen Wettbewerb – mit oder ohne *Option «Penetration»* – hinüberzuwechseln (Gewöhnlich geht man davon aus, dass der Mann die Penetration braucht, um die gewünschte narzisstische Befriedigung zu erlangen. Er spürt dann etwas, das dem Klappern der Freispiele bei alten Flipperautomaten entspricht. Die Frau begnügt sich zumeist mit der Gewissheit, dass man in sie einzudringen wünscht.). Wenn Sie sich von dieser Art Spielchen abgestoßen fühlen, wenn Sie sich außerstande fühlen, dabei eine gute Figur abzugeben, dann gibt es nur eine Lösung: so schnell wie möglich aufzubrechen.

Vereint, um zu kämpfen (Studentendemos, Umweltschützertreffen, Talkshows über die Banlieue). Die Idee ist a priori genial: Das fröhliche Bindemittel einer gemeinsamen Sache kann tatsächlich einen Gruppeneffekt hervorrufen, ein Zugehörigkeitsgefühl, ja, sogar eine echte kollektive Trunkenheit. Leider folgt die Massenpsychologie unwandelbaren Gesetzen: der Herrschaft der dümmsten und aggressivsten Bestandteile. Man befindet sich also inmitten einer lautstark grölenden, ja gefährlichen Bande. Man ist folglich vor die gleiche Wahl gestellt wie im Nachtclub: aufbrechen, bevor es zu Handgreiflichkeiten kommt, oder anbaggern (in einem hier günstigeren Umfeld: Das Vorhandensein gemeinsamer Überzeugungen, die diversen, vom Ablauf der Protestveranstaltung hervorgerufenen Gefühle haben den narzisstischen Panzer womöglich leicht erschüttert).

Vereint, um zu vögeln (Swingerclubs, private Orgien, bestimmte New-Age-Gruppen). Eine der einfachsten und ältesten Formeln: die Menschheit in dem zu vereinen, was sie in der Tat zutiefst gemeinsam hat. Geschlechtsakte finden statt, selbst wenn der Genuss nicht immer zur Stelle ist. Es ist immerhin etwas, aber auch schon alles.

Vereint, um zu zelebrieren (Messen, Pilgerfahrten). Die Religion bietet eine ganz und gar originelle Formel an: Trennung und Tod werden kühn geleugnet, indem man bekräftigt, dass wir wider allen Anschein in göttlicher Liebe baden und uns gleichzeitig auf eine glückliche Ewigkeit zubewegen. Eine religiöse Zeremonie, an die die Teilnehmenden glauben, bietet das einzigartige Beispiel einer *gelungenen Feier.* Bestimmte agnostische Teilnehmer fühlen sich während der Dauer der Zeremonie möglicherweise sogar von einem Gefühl des Glaubens übermannt; sie laufen dann jedoch Gefahr, schmerzlich ernüchtert zu werden (ein wenig wie beim Geschlechtsakt, nur schlimmer). Eine Lösung: von der Gnade berührt zu sein.
Die Pilgerfahrt, die die Vorteile der Studentendemonstration mit denen der Nouvelles-Frontières-Reisen kombiniert, all das in einem von der Müdigkeit noch verschärften Ambiente der Geistigkeit, bietet darüber hinaus die idealen Bedingungen für die Anbaggerei, die darüber fast unfreiwillig, ja aufrichtig wird. Der beste Fall am Ende einer Pilgerfahrt: Heirat und Konversion. Im entgegengesetzten Fall kann die Ernüchterung schrecklich sein. Sehen Sie vor, eine UCPA-Reise zum Thema «Gleitsportarten» anzuschließen, die Sie immer noch rechtzeitig stornieren können (informieren Sie sich im Voraus über die Stornierungsbedingungen).

DIE TRÄNENLOSE FEIER

In Wirklichkeit reicht es aus, Amüsement vorgesehen zu haben, um sicherzugehen, dass man sich langweilt. Ideal wäre es daher, völlig aufs Feiern zu verzichten. Leider ist der Lebemann eine in solchem Maße respektierte Persönlichkeit, dass dieser Verzicht eine starke Minderung des sozialen Images zur Folge hat. Die wenigen folgenden Ratschläge dürften ermöglichen, das Schlimmste zu vermeiden (bis zum Schluss allein bleiben, in einem Zustand der Langeweile, der sich zur Verzweiflung hin entwickelt, mit dem irrtümlichen Eindruck, dass sich die anderen amüsieren).

- Sich im Voraus klar machen, dass die Feier zwangsläufig misslingen wird. Sich die Beispiele früherer Misserfolge vor Augen halten. Es geht nicht darum, deswegen eine zynische und blasierte Haltung anzunehmen. Im Gegenteil, das bescheidene und von einem Lächeln begleitete Akzeptieren des allgemeinen Desasters ermöglicht den Erfolg, eine misslungene Feier in einen Augenblick angenehmer Banalität zu verwandeln.
- Stets vorsehen, allein und im Taxi nach Hause zu fahren.
- Vor der Feier: trinken. Alkohol in moderater Dosierung erzeugt eine sozialisierende und euphorisierende Wirkung, die nach wie vor keine wirkliche Konkurrenz hat.
- Während der Feier: trinken, aber die Dosierung verringern (der Cocktail Alkohol plus vorherrschende Erotik verleitet schnell zur Gewalttätigkeit, zum Selbstmord und zum Mord). Es ist geschickter, im passenden Moment eine halbe Lexomil zu nehmen. Da der Alkohol den Effekt der Beruhigungsmittel verstärkt, beobachtet man umge-

hend Schläfrigkeit: der richtige Zeitpunkt, um ein Taxi zu rufen. Eine gute Feier ist eine kurze Feier.
- Nach der Feier: anrufen, um sich zu bedanken. Friedlich auf die nächste Feier warten (einen monatlichen Abstand einhalten, der sich in der Ferienzeit auf eine Woche verkürzen kann).

Zum Schluss eine tröstliche Aussicht: Mit zunehmendem Alter nimmt die Verpflichtung zu feiern ab, der Hang zur Einsamkeit nimmt zu. Das wirkliche Leben gewinnt wieder die Oberhand.

FATA MORGANA
VON JEAN-CLAUDE GUIGUET

Eine Familie aus dem Bildungsbürgertum am Ufer des Genfer Sees. Klassische Musik, kurze Sequenzen mit intensiven Dialogen, dazwischen Schnitte mit Blick auf den See: all das vermittelt möglicherweise den schmerzlichen Eindruck eines *Déjà-vu*. Die Tatsache, dass die Tochter malt, vergrößert unsere Unruhe noch. Aber nein, es handelt sich nicht um den fünfundzwanzigsten Klon von Eric Rohmer. Es handelt sich seltsamerweise um weit mehr.

Wenn ein Film unentwegt Nervendes neben Magisches stellt, ist es selten, dass das Magische zum Schluss die Oberhand gewinnt; genau das aber geschieht hier. Die recht ungenau spielenden Schauspieler haben sichtlich Schwierigkeiten, einen Text zu interpretieren, dem man zu sehr anhört, dass er geschrieben ist, und der mitunter ans Lächerliche grenzt. Sagen wir, dass sie nicht immer den richtigen Ton treffen, was vielleicht nicht ausschließlich ihre Schuld ist. Was ist der richtige Tonfall für einen Satz wie «Das schöne Wetter ist mit von der Partie»? Nur die Mutter, Louise Marleau, ist von Anfang bis Ende perfekt, und es ist ohne Zweifel der von ihr gesprochene wunderbare Monolog einer verliebten Frau (eine erstaunliche Sache im Film, der Monolog einer verliebten Frau), der ausschlaggebend dafür ist, dass wir uneingeschränkt Anteil nehmen. Einige fragwürdige Dialoge, gewisse, etwas schwerfällige musikalische Zeichensetzungen lassen sich wohl entschuldigen; in einem gewöhnlichen Film blieben sie übrigens unbemerkt.

Ausgehend von einem tragisch einfachen Thema (es ist Frühling, das Wetter ist schön; eine fünfzigjährige Frau wünscht sich sehnlichst, eine letzte sinnliche Leidenschaft zu erleben; die Natur ist schön, aber sie ist auch grausam), ist Jean-Claude Guiguet das größte Risiko eingegangen: das der formalen Perfektion. In diesem Film, der vom Werbe-Clip wie vom auftrumpfenden Realismus meilenweit entfernt ist, meilenweit entfernt auch von willkürlicher Experimentiererei, gibt es keine andere Suche als die nach Schönheit pur. Die klassische, geläuterte Zerlegung in Sequenzen von zartem Wagemut findet ihre exakte Entsprechung in der unerbittlichen Geometrie der Bildeinstellungen. Das alles ist präzise, nüchtern, angelegt wie die Facetten eines Diamanten: ein seltenes Werk. Es ist auch selten, einen Film zu sehen, in dem das Licht sich mit solcher Klugheit der emotionalen Stimmung der Szenen anpasst. Die Beleuchtung und die Ausstattung der Innenaufnahmen treffen den richtigen Ton, sind von unendlichem Taktgefühl. Wie eine diskrete und intensive Orchesterbegleitung bleiben sie im Hintergrund. Das Licht bricht nur in die Außenaufnahmen ein, in die sonnigen, an den See grenzenden Wiesen, nur dort spielt es eine zentrale Rolle. Auch da herrscht vollkommene Übereinstimmung mit der Aussage des Films. Sinnlich und gewaltig leuchtende Gesichter. Die flimmernde Maske der Natur, hinter der sich, wie man weiß, ein abstoßendes Gewimmel verbirgt, eine Maske, die abzureißen jedoch unmöglich ist. Nie ist, ganz nebenbei gesagt, der Geist von Thomas Mann mit solcher Tiefe erfasst worden. Von der Sonne haben wir nichts Gutes zu erwarten, den Menschen aber kann es bis zu einem gewissen Grad vielleicht gelingen, einander zu lieben. Ich erinnere mich nicht, jemals eine Mutter gehört zu haben, die zu ihrer Tochter auf so überzeugende Weise «Ich liebe dich» gesagt hätte. In keinem Film, noch nie. *Fata Morgana* will vehement, nostalgisch, fast schmerzhaft ein kultivierter, ein europäischer Film sein. Und merkwürdigerweise gelingt ihm das, indem er Tiefe, ein echt germanisches Gespür für den Riss mit einem zutiefst französischen Leuchten, einer klassischen Reinheit der Beleuchtung verbindet. Ein wirklich seltener Film.

Dieser Artikel erschien in der Nummer 27 (Dezember 1992) der Zeitschrift Lettres françaises.

LOB DES STUMMFILMS

Der Mensch spricht, manchmal spricht er nicht. Ist er bedroht, krümmt er sich, seine Blicke durchsuchen hastig den Raum. Ist er verzweifelt, zieht er sich zurück, wickelt sich ein in Angst. Ist er glücklich, verlangsamt sich seine Atmung. Sein Leben hat einen gleichmäßigeren Rhythmus. Es hat in der Geschichte der Welt zwei Kunstformen (die Malerei, die Bildhauerei) gegeben, die versucht haben, die menschliche Erfahrung mit Hilfe von bewegungslosen Darstellungen, von angehaltenen Bewegungen zusammenzufassen. Manchmal entschieden sie sich dafür, die Bewegung in ihrem Gleichgewicht, ihrer größten Anmut (in ihrer Unsterblichkeit) anzuhalten: man denke an all die Jungfrauen mit Kind. Manchmal entschieden sie sich dafür, die Handlung in ihrer höchsten Spannung, ihrem intensivsten Ausdruck anzuhalten – so der Barock, aber auch zahlreiche Gemälde von Caspar David Friedrich, die an eine gefrorene Explosion erinnern. Sie haben sich jahrtausendelang entwickelt; sie hatten die Möglichkeit, Werke hervorzubringen, die im Sinne ihres verborgensten Ehrgeizes – die Zeit anzuhalten – vollendet waren.

Es hat in der Geschichte der Welt eine Kunst gegeben, die sich das Studium der Bewegung zum Inhalt gemacht hatte. Diese Kunst hat sich in dreißig Jahren entwickeln können. Zwischen 1925 und 1930 hat sie einige Einstellungen – in einigen Filmen – hervorgebracht (ich denke vor allem an

Murnau, Eisenstein, Dreyer), die ihr Dasein als Kunst belegten. Dann verschwand sie, offensichtlich für immer.

Die Dohlen geben Zeichen der Warnung und des gegenseitigen Erkennens aus. Man hat mehr als sechzig Zeichen entziffern können. Die Dohlen bleiben eine Ausnahme: Im Großen und Ganzen arbeitet die Welt in einer schrecklichen Stille. Sie drückt ihr Wesen durch die Form und die Bewegung aus. Der Wind fegt über das Gras (Eisenstein), eine Träne läuft über ein Gesicht (Dreyer). Der Stummfilm sah, wie sich ein unermesslicher Raum vor ihm auftat: er untersuchte nicht nur die menschlichen Gefühle, er untersuchte nicht nur die Bewegungen der Welt. Sein größter Ehrgeiz war es, die Bedingungen der Wahrnehmung zu untersuchen. Die Unterscheidung zwischen Hintergrund und Figur bildet die Grundlage unserer Darstellungen; aber unser Geist sucht auf geheimnisvolle Weise auch zwischen der Gestalt und der Bewegung, zwischen der Form und ihrem Entstehungsprozess seinen Weg durch die Welt – daher das fast hypnotische Gefühl, das uns überfällt, wenn wir vor einer starren Form stehen, die von einer ununterbrochenen Bewegung hervorgebracht wurde, wie etwa die stehenden Wellen an der Oberfläche einer Pfütze.

Was hat sich nach 1930 davon erhalten? Einige Spuren, vor allem in Werken von Regisseuren, die zur Zeit des Stummfilms zu drehen begonnen hatten (Kurosawas Tod war mehr als nur der Tod eines Mannes); einige Augenblicke in Experimentalfilmen, in wissenschaftlichen Dokumentarfilmen, ja, sogar in Serienproduktionen (die vor wenigen Jahren entstandene Serie *Australia* ist dafür ein Beispiel). Diese Augenblicke erkennt man unschwer daran, dass Sprechen in ihnen unmöglich ist, dass selbst die Musik in ihnen etwas Kitschiges, Schwerfälliges, Vulgäres bekommt. Wir werden zu reiner Wahrnehmung, die Welt erscheint in ihrer Immanenz. Wir sind überaus glücklich, ein Glück, das seltsam ist. Verliebtsein kann diese Art Effekte ebenfalls erzeugen.

Dieser Artikel erschien in der Nummer 32 (Mai 1993) der Zeitschrift Lettres françaises.

LEERER HIMMEL

In dem Film, den Pasolini über das Leben des heiligen Paulus zu drehen gedachte, hatte er die Absicht, die Mission des Apostels auf die heutige Welt zu übertragen; sich die Form auszumalen, die sie inmitten der Geschäftsmoderne annehmen könnte; und das, ohne den Text der Briefe zu verändern. Er hatte jedoch den Plan, Rom gegen New York auszutauschen, und gibt dafür einen nahe liegenden Grund an: Wie damals Rom ist heute New York das Zentrum der Welt, der Sitz der Mächte, die die Welt beherrschen (er schlägt im gleichen Sinne vor, Athen gegen Paris und Antiochia gegen London auszutauschen). Nach einigen Stunden Aufenthalt in New York merke ich, dass es wahrscheinlich einen anderen, verborgeneren Grund gibt, den nur der Film hätte ans Licht bringen können. In New York wie in Rom spürt man trotz der scheinbaren Dynamik eine eigenartige Verfalls- und Todesstimmung, eine Endzeitstimmung. Ich weiß wohl, dass «die Stadt brodelt, dass sie ein Schmelztiegel ist, dass in ihr eine wahnsinnige Energie pulsiert» usw. Dennoch war mir seltsamerweise eher danach, in meinem Hotelzimmer zu bleiben, die Möwen anzuschauen, die quer über die verlassenen Hafenanlagen an den Ufern des Hudson River flogen. Ein sanfter Regen fiel auf die Lagerhäuser aus Ziegelstein; es war sehr besänftigend. Ich konnte mir durchaus vorstellen, mich unter einem dreckig braunen Himmel in einer riesigen Wohnung zu verschanzen, während am Horizont letzte sporadische Kämpfe verglühen würden. Später würde ich ausgehen, durch endgültig verödete Straßen laufen können. So wie im buschigen Unterholz Pflanzenschichten übereinander liegen, stehen in New York unterschiedliche Höhen und Stile in einem unvorhersehbaren Wirrwarr nebeneinander. In mehr als einer Straße hat man das Gefühl, durch einen Canyon, zwischen Felsburgen hindurchzulaufen. Ein wenig wie in Prag (aber eingeschränkter: die New Yorker Gebäude decken nur ein Jahrhundert Architektur ab) hat man manchmal den Eindruck, in einem Organismus umherzulaufen, den Gesetzen des natürlichen Wachstums unterworfen. (Dagegen erstarren Burens Säulen in den Gärten des Palais Royal in einem albernen Gegensatz zu ihrer architektonischen Umgebung; man spürt deutlich die Gegenwart eines menschlichen Willens und sogar die eines recht dürftigen menschlichen Willens, in der Art eines Gags). Es ist möglich, dass die menschliche Architektur den Gipfel ihrer Schönheit erst dann erreicht, wenn sie durch Brodeln und Aneinanderreihungen an ein natürliches Gebilde zu erinnern beginnt; genau wie die Natur den Gipfel ihrer Schönheit erst dann erreicht, wenn sie durch Lichtspiele und formale Abstraktion den Verdacht eines *voluntaristischen* Ursprungs erweckt.

Jean Cohen, Theoretiker der Poesie, ist Autor zweier Werke: Structure du langage poétique (Die Struktur der poetischen Sprache) *(Flammarion / Champs, 1966) und* Le haut langage (Die hohe Sprache) (*Flammarion, 1979*). *Letzteres wurde 1995 kurz nach dem Tode des Autors bei José Corti neu aufgelegt.*

Structure du langage poétique wird den ernsthaften Kriterien der Universität gerecht. Das ist nicht unbedingt eine Kritik. Jean Cohen macht in seinem Buch darauf aufmerksam, dass sich die Poesie im Vergleich zur gewöhnlichen Sprache der Prosa, die dazu dient, Informationen zu übermitteln, erhebliche Abweichungen erlaubt. Sie benutzt immer wieder Epitheta, die nicht zwingend sind («weiße Dämmerungen», Mallarmé; «schwarze Parfüme», Rimbaud). Sie erliegt der Versuchung des Evidenten («Zerreißen Sie es nicht mit Ihren beiden weißen Händen», Verlaine; der prosaische Geist feixt: Hat sie etwa drei?). Sie schreckt nicht vor einer gewissen Inkonsequenz zurück («Ruth sann und Booz träumte, das Gras war schwarz», Hugo; eine Aneinanderreihung von zwei Aussagen, unterstreicht Cohen, deren logische Einheit nur schwer nachzuvollziehen ist). Sie findet Gefallen – und das mit Vergnügen – an der Redundanz, die die Prosa als *Wiederholung* ächtet. Ein Grenzfall ist *Llanto por Ignacio Sanchez Mejias*, ein Gedicht von García Lorca, in dem die Worte *cinco de la tarde* in den zweiundfünfzig Versen dreißigmal wiederkehren. Zum Nachweis seiner Behauptung analysiert der Autor im statistischen Vergleich poetische Texte und Texte in Prosa (Höhepunkt des Prosaischen sind für ihn – bezeichnenderweise – die Schriften der großen Wissenschaftler des ausgehenden 19. Jahrhunderts: Pasteur, Claude Bernard, Marcelin Berthelot). Die gleiche Methode führt ihn zu der Feststellung, dass das Ausmaß der poetischen Abweichung bei den Romantikern weit größer ist als bei den Klassikern und bei den Symbolisten noch zunimmt. Auch wenn man das intuitiv bereits geahnt hat, es ist dennoch angenehm, das so klar nachgewiesen zu bekommen. Am Ende des Buches ist man sich einer Sache sicher: Der Autor hat tatsächlich bestimmte, für die Poesie charakteristische Abweichungen gefunden. Wohin aber tendieren diese Abweichungen? Worin besteht ihr Ziel, wenn sie eins besitzen?

Nach mehreren Wochen Seefahrt meldete man Christoph Columbus, dass die Hälfte der Lebensmittel aufgebraucht sei. Nichts wies auf die Nähe von Land hin. Das ist genau der Augenblick, in dem sein Abenteuer ins Heldenhafte umschlug: der Augenblick, in dem er die Entscheidung traf, weiter nach Westen zu segeln, obwohl er wusste, dass es nach menschlichem Ermessen keine Möglichkeit der Rückkehr mehr gab. Jean Cohen deckt seine Karten bereits in der Einführung von *Haut langage* auf: Was die Frage des Wesens der Poesie betrifft, wird er von allen bestehenden Theorien abrücken. Was die Poesie ausmacht, sagt er, ist nicht die Tatsache, dass der Prosa (wie man lange Zeit geglaubt hat, zu jener Zeit, als ein Gedicht es sich schuldig war, in Versen abgefasst zu sein) eine bestimmte Musik hinzugefügt wird; es ist auch nicht die Tatsache, dass man einer unterschwelligen Bedeutung eine explizite Bedeutung hinzufügt (marxistische, Freud'sche Deutungen etc.). Es ist noch weniger die Tatsache, dass sich hinter der ersten Bedeutung noch andere Bedeutungen verbergen (polysemische Theorie). Kurz gesagt, Poesie ist nicht Prosa plus etwas anderes: sie ist nicht mehr als Prosa, sie ist *anders. Structure du langage poétique* endete mit der Feststellung: Die Poesie weicht von der gewöhnlichen Sprache ab, und sie tut es immer mehr. Dabei kommt einem natürlich eine Theorie in den Sinn: Ziel der Poesie sei es demnach, eine maximale Abweichung festzumachen, alle bestehenden Kommunikationskodes aufzubrechen, zu dekonstruieren. Auch diese Theorie weist Jean Cohen zurück. Jede Sprache, versichert er, übernimmt eine Funktion von Intersubjektivität, und auch die Poesie entgeht dieser Regel nicht: Die Poesie spricht anders, aber sie spricht von der Welt, so wie die Menschen sie wahrnehmen. Genau an diesem Punkt geht er ein nennenswertes Risiko ein: denn wenn die abweichenden Strategien der Poesie nicht ihr eigentliches Ziel sind, wenn die Poesie wirklich mehr ist als eine Suche nach oder ein Spiel mit der Sprache, wenn sie wirklich anstrebt, eine andere Sprache über dieselbe Realität zu begründen, dann hat man es mit zwei unversöhnlichen Weltanschauungen zu tun.

Die Marquise ging um fünf Uhr siebzehn fort; sie hätte auch um sechs Uhr zweiunddreißig fortgehen können. Das Wassermolekül setzt sich aus zwei Wasserstoffatomen und einem Sauerstoffatom zusammen. Der Umfang der Geldgeschäfte hat 1995 beträchtlich zugenommen. Um die Erdanziehungskraft zu überwinden, muss eine Rakete beim Start eine Schubkraft entwickeln, die zu ihrer Masse direkt proportional ist. Die Sprache der Prosa gliedert Überlegungen, Argumente, Fakten; im Grunde gliedert sie vor allem Fakten. Willkürliche, aber mit großer Präzision beschriebene Ereignisse kreuzen sich in einem neutralen Raum und einer neutralen Zeit. Aus unserer Weltanschauung verschwindet jeder qualitative oder emotionale Aspekt. Es handelt sich um die vollkommene Verwirklichung von Demokrits Ausspruch: «Das Zarte und das Bittere, das Warme und das Kalte sind nur Meinungen; es gibt an Wahrem nur die Atome und die Leere.» Ein Text von wirklicher, aber begrenzter Schönheit, bei dem man unwiderstehlich an den Stil der Autoren des Nouveau Roman erinnert wird, deren Einfluss sich seit ungefähr vierzig Jahren fortsetzt, eben weil dieser Stil einer demokritschen Metaphysik entspricht, die noch immer überwiegt; in einem Maße, dass man sie mitunter mit dem wissenschaftlichen Programm insgesamt verwechselt, während dieses nur ein Gelegenheitsbündnis mit ihr eingegangen ist – selbst wenn dieses Bündnis mehrere Jahrhunderte gehalten hat –, dazu bestimmt, das religiöse Denken zu bekämpfen.

«Wenn tief und schwer der Himmel wie ein Deckel drückt …» Dieser wie so viele Verse von Baudelaire schrecklich *schwerfällige* Vers strebt etwas ganz anderes an als die Weitergabe einer Information. Es ist nicht nur der Himmel, sondern die ganze Welt, das Wesen dessen, der spricht, die Seele dessen, der zuhört, die von einem Ton der Angst und Beklemmung befallen werden. Die Poesie ereignet sich; Pathetik überflutet die Welt.

Jean Cohen zufolge strebt die Poesie danach, einen von Grund auf alogischen Diskurs zu erzeugen. Für die Sprache, die informiert, ist es möglich, dass das, was ist, nicht oder anders ist, anderswo oder in einer anderen Zeit. Die Abweichungen der Poesie dagegen streben nach einem «Effekt der Unumschränktheit», bei dem das Bejahende die gesamte Welt überflutet, ohne dass sich ein äußerlicher Wider-

spruch behaupten könnte. Dies rückt das Gedicht in die Nähe von primitiveren Ausdrucksformen wie Wehklagen oder Geschrei. Das Register ist zugegeben von beachtenswertem Umfang, aber die Wörter sind ihrem Wesen nach dem Schrei gleich. In der Poesie beginnen sie zu schwingen, sie finden ihre ursprüngliche Schwingung wieder. Diese aber ist nicht nur musikalischer Natur. Es ist die von ihnen bezeichnete Realität, die durch die Worte zu ihrer gräulichen oder zauberischen Macht, zu ihrem ursprünglichen Pathos zurückfindet. Azurblau ist eine unmittelbare Erfahrung. Genauso fühlt sich der Mensch allein auf der Welt, wenn die Helligkeit des Tages abnimmt, wenn die Dinge ihre Farben und Konturen verlieren und langsam in einem Grau verschmelzen, das dunkler wird. Das war der Fall seit seinen ersten Tagen auf der Welt, das war der Fall, noch bevor er Mensch war. Es ist älter als jede Sprache. Die Poesie versucht, zu diesen aufwühlenden Wahrnehmungen zurückzufinden, wozu sie natürlich die Sprache, den «Signifikanten» benutzt. Die Sprache ist für sie jedoch nur ein Mittel. Eine Theorie, die Jean Cohen in folgendem Satz zusammenfasst: «Die Poesie ist der Gesang des Signifikats.»
Man versteht sodann, dass er davon ausgehend eine andere These entwickelt: Bestimmte Wahrnehmungsweisen der Welt sind in sich poetisch. Alles, was dazu beiträgt, Grenzen aufzulösen, aus der Welt ein homogenes und undifferenziertes Ganzes zu machen, ist von poetischer Kraft durchdrungen (so verhält es sich mit Nebel oder der Dämmerung). Bestimmte Dinge haben eine poetische Auswirkung, nicht als Dinge, sondern weil sie, indem sie einzig durch ihre Präsenz die Begrenzung des Raumes und der Zeit rissig machen, einen besonderen psychologischen Zustand her-

beiführen (und seine Analysen über den Ozean, die Ruine, das Schiff sind zugegebenermaßen verwirrend). Die Poesie ist nicht nur eine andere Sprache, sie ist ein anderer Blick. Eine Art, die Welt, alle Dinge der Welt zu sehen (Autobahnen genau wie Schlangen, Blumen genau wie Parkplätze). In diesem Abschnitt des Buches gehört Jean Cohens Poetik in keiner Weise mehr der Linguistik an; sie knüpft direkt an die Philosophie an.

Jede Wahrnehmung baut auf einer doppelten Unterscheidung auf: der zwischen dem Objekt und dem Subjekt und der zwischen dem Objekt und der Welt. Die Klarheit, mit der diese Unterschiede gesehen werden, hat weitreichende philosophische Implikationen, und ohne willkürlich zu sein, lassen sich die bestehenden Metaphysiken längs dieser beiden Achsen verteilen. Jean Cohen zufolge bewirkt die Poesie eine allgemeine Auflösung der Markierungen: Objekt, Subjekt und die Welt verschmelzen in ein und derselben pathetischen und lyrischen Stimmung. Demokrits Metaphysik dagegen treibt die Klarheit dieser beiden Unterscheidungen bis zum Äußersten (eine Klarheit, die blendet, wie die Sonne auf weißen Steinen an einem Augustnachmittag: «Es gibt nichts anderes als die Atome und die Leere.»).

Im Prinzip scheint man sich in der Sache einig, die Poesie – als sympathisches Überbleibsel einer prälogischen Mentalität, der Mentalität des Primitiven oder des Kindes – zu verurteilen. Das Problem besteht darin, dass Demokrits Metaphysik falsch ist. Sie stimmt, um genauer zu sein, nicht mehr mit den Erkenntnissen der Physik des 20. Jahrhunderts überein. Die Quantenmechanik macht in der Tat jede Möglichkeit einer materialistischen Metaphysik zunichte

und führt dazu, dass die Unterscheidungen zwischen Objekt, Subjekt und der Welt von Grund auf neu überdacht werden müssen.
Bereits 1927 unterbreitete Niels Bohr einen Vorschlag, die so genannte «Kopenhagener Deutung». Die Kopenhagener Deutung, Ergebnis eines mühsamen und mitunter tragischen Kompromisses, betont die Instrumente, die Messprotokolle. Sie stellt den Akt der Erkenntnis auf neue Grundlagen und zeigt damit die ganze Dimension von Heisenbergs Unschärferelation: Wenn es unmöglich ist, alle Parameter eines physikalischen Systems gleichzeitig mit Präzision zu messen, dann nicht nur, weil sie «durch die Messung gestört werden», sondern weil sie nicht unabhängig von ihr existieren. Von ihrem früheren Zustand zu sprechen, hat folglich keinen Sinn. Die Kopenhagener Deutung befreit den wissenschaftlichen Akt, indem sie das Paar Beobachter – Beobachtetes an den Ort und Platz einer hypothetischen realen Welt stellt. Sie ermöglicht es, die Wissenschaft allgemein gültig als zwischenmenschliches Kommunikationsmittel über «das, was wir beobachtet haben, das, was wir gelernt haben», um Bohrs Worte zu verwenden, neu zu begründen.
Die Physiker dieses Jahrhunderts sind der Kopenhagener Deutung insgesamt treu geblieben, was keine sehr bequeme Position ist. Denn in der tagtäglichen Praxis der Forschung ist das beste Mittel voranzukommen natürlich, sich an einen streng positivistischen Ansatz zu halten, der sich wie folgt zusammenfassen lässt: «Wir begnügen uns damit, Beobachtungen zu sammeln, Beobachtungen von Menschen, und sie mit Gesetzen in Einklang zu bringen. Die Idee der Wirklichkeit ist nicht wissenschaftlich, sie interes-

siert uns nicht.» Nichtsdestotrotz muss es unangenehm sein, sich mitunter darüber klar zu werden, dass die Theorie, die man gerade aufstellt, nicht in einer klar verständlichen Sprache formulierbar ist.

Und das in einem Maße, dass sich merkwürdige Annäherungen andeuten. Seit langem verblüfft mich die Feststellung, dass die Theoretiker der Physik, wenn sie die Spektralzerlegungen, die Hilbert-Räume, die hermitischen Operatoren usw. hinter sich gelassen haben, die das Gros ihrer Publikationen ausmachen, die poetische Sprache jedes Mal nachdrücklich würdigen – wenn man sie dazu befragt. Weder den Kriminalroman noch die serielle Musik: nein, was sie interessiert und verwirrt, ist bezeichnenderweise die Poesie. Bevor ich Jean Cohen gelesen hatte, verstand ich wirklich nicht, weshalb. Als ich seine Poetik entdeckte, wurde mir bewusst, dass wirklich etwas im Gange war und dass dieses Etwas im Zusammenhang mit den Vorschlägen von Niels Bohr stand.

In der begrifflichen Katastrophenstimmung, die die Entdeckung der ersten Quanten bewirkt hatte, hat man mitunter nahe gelegt, dass es angebracht wäre, eine neue Sprache zu schaffen, eine neue Logik –, oder gar beides. Es war klar, dass die alte Sprache und Logik für die Darstellungen des Universums der Quanten nicht geeignet war. Bohr war dennoch zurückhaltend. Die Poesie, betonte er, beweist, dass der subtile und zum Teil widersprüchliche Gebrauch der Umgangssprache es ermöglicht, ihre Grenzen zu überwinden. Das von Bohr eingeführte Prinzip der Komplementarität ist eine Form, mit dem Widerspruch *subtil umzugehen*: Man führt zur Betrachtung der Welt simultan zwei komplementäre Blickwinkel ein, von denen sich jeder unzweideutig in einer klar verständlichen Sprache ausdrücken lässt und die beide, voneinander getrennt, falsch sind. Ihre gemeinsame Präsenz schafft eine neue, für die Vernunft unbehagliche Situation. Aber nur mit diesem konzeptuellen Unbehagen wird es uns gelingen, zu einer korrekten Darstellung der Welt zu gelangen. Darüber hinaus bekräftigt Jean Cohen, dass der absurde Gebrauch, den die Poesie von der Sprache macht, nicht ihr eigentliches Ziel ist. Die Poesie bricht die Ketten des Kausalen und spielt unentwegt mit der Explosivkraft der Absurdität; aber sie ist nicht die Absurdität. Sie ist die Absurdität, die zur Schöpferin gemacht wurde; zur Schöpferin eines anderen, seltsamen, aber unmittelbaren, unbegrenzten, emotionalen Sinnes.

Dieser Artikel erschien in der Nummer 13 der Zeitschrift Les Inrockuptibles *anlässlich der Neuauflage.*

GESPRÄCH MIT JEAN-YVES JOUANNAIS UND CHRISTOPHE DUCHÂTELET

Was macht die wenigen Schriften, deren Autor du bist – vom Essay über H. P. Lovekraft über den Band Rester vivant *(*Am Leben bleiben*) mit der Gedichtsammlung* La poursuite du bonheur *(*Die Verfolgung des Glücks*) bis zum letzten Roman* Ausweitung der Kampfzone *–, zu einem Werk? Welche Einheit, welcher Grundgedanke, welche Besessenheit liegt ihm zugrunde?*

Ich glaube, ihm liegt vor allem die Ahnung zugrunde, dass das Universum auf der Trennung, dem Leiden und dem Bösen basiert; der Entscheidung, diesen Sachverhalt zu beschreiben und ihn möglicherweise zu überwinden. Die Frage der – literarischen oder nichtliterarischen – Mittel ist nebensächlich. Am Anfang steht die radikale Verweigerung der Welt im Zustand, in dem sie sich befindet, sowie der Glaube an die Begriffe von gut und böse. Der Wille, diese Begriffe zu ergründen, ihren Wirkungsbereich – mich selber einbegriffen – abzustecken. Dann erst kommt die Literatur. Der Stil kann variieren; das ist eine Frage des inneren Rhythmus, des persönlichen Befindens. Ich sorge mich nicht sonderlich um Fragen der Kohärenz; mir scheint, dass sich das von selbst ergibt.

Ausweitung der Kampfzone ist dein erster Roman. Wie kam es nach einem Gedichtband zu dieser Entscheidung?*

Ich wünschte, es gäbe keinen Unterschied. Man müsste einen Gedichtband hintereinander weg, von Anfang bis Ende, lesen können. Genauso müsste sich ein Roman auf einer x-beliebigen Seite aufschlagen lassen und unabhängig vom Kontext gelesen werden können. Es gibt keinen Kontext. Es ist angebracht, dem Roman zu misstrauen, man darf sich weder von der Geschichte hereinlegen lassen noch vom Tonfall noch vom Stil. Genau wie man im Alltag vermeiden muss, sich von seiner eigenen Geschichte hereinlegen zu lassen – oder, noch heimtückischer, von der Persönlichkeit, von der man annimmt, dass es die eigene ist. Man sollte sich eine gewisse lyrische Freiheit erkämpfen; ein idealer Roman sollte Versdichtung und Gesangs-Passagen enthalten können.

Er könnte auch wissenschaftliche Diagramme enthalten.

Ja, das wäre perfekt. Man sollte alles hineinstecken können. Novalis und die deutschen Romantiker allgemein zielten auf eine totale Erkenntnis ab. Es war ein Irrtum, diese Ambition aufzugeben. Wir zappeln wie zerquetschte Fliegen. Was der Tatsache keinen Abbruch tut, dass wir zur totalen Erkenntnis bestimmt sind.

Deine Texte sind eindeutig von einem schrecklichen Pessimismus gekennzeichnet. Könntest du zwei oder drei Gründe nennen, die deiner Meinung nach dem Selbstmord Aufschub gewähren?

Kant hat den Selbstmord 1797 in seinen *Metaphysischen Anfangsgründen der Tugendlehre* rundweg verurteilt. Ich zitiere ihn: «In seiner eigenen Person das Subjekt der Sittlichkeit zu vernichten, heißt, die Sittlichkeit, soweit es von einem selbst abhängt, aus der Welt zu schaffen.» Das Argument scheint wie oft bei Kant naiv und in seiner Unschuld ziemlich pathetisch; dennoch glaube ich, dass es das einzig gültige ist. Nur das Pflichtgefühl kann uns wirklich am Leben erhalten. Konkret gesagt: Will man sich mit einer praktischen Pflicht versehen, muss man es so einrichten, dass das Glück eines anderen von der eigenen Existenz abhängt; man kann zum Beispiel versuchen, ein kleines Kind großzuziehen oder man kann zur Not einen Pudel kaufen.

Kannst du dich zu der soziologischen Theorie äußern, der zufolge der für den Kapitalismus typische Kampf um den sozialen Erfolg mit einem perfideren und brutaleren, diesmal sexuellen Kampf gekoppelt ist?

Das ist ganz einfach. Jede tierische und menschliche Gesellschaft richtet ein hierarchisches Differenzierungssystem ein, das sich auf Geburt (aristokratisches System), auf Reichtum, auf Schönheit, auf Körperkraft, auf Intelligenz, auf Begabung gründen kann. Diese Kriterien halte ich übrigens alle für gleich verachtenswert, ich lehne sie ab. Die einzige Überlegenheit, die ich anerkenne, ist die Güte. Gegenwärtig bewegen wir uns in einem zweidimensionalen System: dem der erotischen Attraktivität und dem des Geldes. Alles andere, das Glück und das Unglück der Leute, leitet sich daraus ab. Für mich handelt es sich in keiner Weise um eine Theorie. Wir leben tatsächlich in einer simplen Gesellschaft, für deren komplette Beschreibung diese wenigen Sätze ausreichen.

Eine der brutalsten Szenen des Romans spielt in einem Nachtclub in der Vendée. Dort finden rein sexuelle Begegnungen statt, Szenen misslungener Verführung, Misserfolge, die Ursache für Rachegefühle und Bitterkeit sind. Dieser Ort erscheint in deinen Texten wie das Pendant zu einem Supermarkt. Wird an ihm auf die gleiche Weise konsumiert?

Nein. Man könnte eine Parallele ziehen zwischen der Werbung für Hühner und der für Miniröcke. Aber mit der Hervorhebung des Angebots hört die Analogie auch auf. Der Supermarkt ist das wahre Paradies der Moderne. Der Kampf hört an seiner Tür auf, die Armen beispielsweise betreten ihn nicht. Man hat woanders Geld verdient, jetzt wird es ausgegeben für ein sich ständig erneuerndes und abwechslungsreiches Angebot, dessen guter Geschmack meist zuverlässig und dessen Nährwert gut dokumentiert ist. Nachtclubs bieten einen ganz anderen Anblick. Trotz fehlender Aussichten werden sie weiterhin von zahlreichen Frustrierten besucht. Sie haben somit Gelegenheit, sich Minute für Minute ihre eigene Erniedrigung vor Augen zu führen. Wir stehen der Hölle hier viel näher. Nebenbei gesagt gibt es Supermärkte des Sex, die einen nahezu kompletten Pornokatalog anbieten. Das Wesentliche aber fehlt ihnen. Denn das, was beim Sex hauptsächlich gesucht wird, ist nicht der Genuss, sondern die narzisstische Befriedigung, die Huldigung, die der begehrte Partner der eigenen erotischen Geschicklichkeit erweist. Das ist übrigens auch der Grund, weshalb Aids nicht viel verändert hat. Das Kondom verringert den Genuss, aber im Gegensatz zu Lebensmitteln ist nicht der Genuss das gesuchte Ziel: Ziel ist die narzisstische Trunkenheit der Eroberung. Der Porno-Konsument verspürt nicht nur nicht diese Trunkenheit, sondern ein oft geradezu entgegengesetztes Gefühl. Will man das Bild vervollständigen, könnte man abschließend hinzufügen, dass manche Leute, solche mit abweichenden Wertmaßstäben, Sexualität weiterhin mit Liebe gleichsetzen.

Könntest du dich zu dem Informatik-Ingenieur äußern, den du den «vernetzten Menschen» genannt hast? Worauf verweist diese Art von Figur in der heutigen Welt?

Man muss sich darüber klar werden, dass die Fertigwaren dieser Welt – Stahlbeton, elektrische Lampen, Metrozüge, Taschentücher – gegenwärtig von einer kleinen Klasse von Ingenieuren und Technikern entworfen und produziert werden. Sie sind imstande, sich entsprechende Apparaturen auszudenken und umzusetzen, sie allein sind wirklich produktiv. Sie stellen vielleicht 5 Prozent der berufstätigen Bevölkerung dar – und dieser Prozentsatz ist ständig am Sinken. Der soziale Nutzen des restlichen Unternehmenspersonals – kaufmännische Angestellte, Werbeleute, Büroangestellte, Verwaltungskader, Designer – ist viel weniger einsichtig: Sie könnten verschwinden, ohne dass der Produktionsprozess dadurch wirklich beeinträchtigt würde. Ihre Rolle besteht offensichtlich darin, verschiedene Informationsklassen aufzustellen und zu manipulieren, das heißt verschiedene Pausverfahren für eine Realität, die ihnen aus den Händen gleitet. Die gegenwärtige Explosion von Informationsübertragungsnetzen muss in diesen Zusammenhang gestellt werden. Eine Hand voll Techniker – in Frankreich sind das höchstens fünftausend Personen – ist für das Definieren der Protokolle und das Realisieren der Apparaturen verantwortlich, die in den kommenden Jahrzehnten den sofortigen Transport jeglicher Form von Information – Text, Ton, Bild, möglicherweise auch taktile und elektrochemische Stimuli – auf weltweiter Ebene ermöglichen sollen. Einige von ihnen entwickeln zu ihrer Tätigkeit einen positiven Diskurs, dem zufolge der Mensch, von dem man annimmt, er stünde im Zentrum der Produktion und verarbeite die Informationen, seine volle Größe erst in der Vernetzung mit einer größtmöglichen Anzahl analoger Zentren finden werde. Die Mehrzahl dagegen entwickelt keinen Diskurs; sie begnügt sich damit, ihre Arbeit zu tun. Damit verwirklicht sie voll und ganz das Techniker-Ideal, das den Gang der Geschichte der westlichen Gesellschaften seit dem Ende des Mittelalters steuert und das sich in einem Satz zusammenfassen lässt: «Wenn es technisch realisierbar ist, wird es technisch realisiert werden.»

Man kann deine Geschichte einer zunächst psychologischen Lesart unterziehen, es ist jedoch die soziologische Lesart, die nachhaltig prägt. Handelt es sich womöglich um ein Werk, das eher wissenschaftliche als literarische Ambitionen hat?

Das ginge nun doch zu weit. Als Jugendlicher war ich in der Tat von der Wissenschaft fasziniert – insbesondere von den neuen Konzepten, die in der Quantenmechanik entwickelt wurden. Diesen Fragen bin ich in meinen Schriften jedoch noch nicht wirklich angegangen. Die realen Überlebensbedingungen dieser Welt haben mich wahrscheinlich zu sehr in Anspruch genommen. Dennoch bin ich ein wenig überrascht, wenn man mir sagt, dass mir psychologische Porträts von Individuen, von Personen gelingen. Vielleicht ist es wahr, aber auf der anderen Seite habe ich oft den Eindruck, dass die Individuen in etwa identisch sind, dass das, was sie ihr Ich nennen, nicht wirklich existiert, und dass es in gewissem Sinne einfacher ist, den Gang der Geschichte zu definieren. Vielleicht liegen hier die Prämissen einer Komplementarität à la Niels Bohr vor: Welle und Teilchen, Position und Geschwindigkeit, Individuum und Geschichte. Was das mehr Literarische angeht, so spüre ich deutlich die Notwendigkeit zweier komplementärer Herangehensweisen: das Pathetische und das Klinische. Auf der einen Seite das Sezieren, die kaltblütige Analyse, der Humor; auf der anderen die emotionale und lyrische Anteilnahme, lyrisch im Sinne eines unmittelbaren Lyrismus.

Du hast dir das Genre des Romans ausgesucht, trotzdem scheinst du die Poesie von Natur aus vorzuziehen.

Die Poesie ist das natürlichste Mittel, um die reine Intuition eines Augenblicks zu vermitteln. Es gibt wirklich einen Kern reiner Intuition, der sich direkt in Bilder oder Wörter übertragen lässt. Solange man bei der Poesie bleibt, bleibt man bei der Wahrheit. Die Probleme fangen erst an, wenn es darum geht, diese Fragmente zu gliedern, eine sowohl inhaltliche als auch musikalische Kontinuität herzustellen. Dabei hat mir wahrscheinlich die Erfahrung der Montage sehr geholfen.

Du hast in der Tat einige Kurzfilme gedreht, bevor du mit dem Schreiben begonnen hast. Wer hat dich beeinflusst? Und welchen Bezug gibt es zwischen diesen Bildern und deiner Literatur?

Ich mochte Murnau und Dreyer sehr; ich mochte auch all das, was man deutschen Expressionismus genannt hat – auch wenn der wichtigste bildliche Bezugspunkt dieser Filme wahrscheinlich mehr die Romantik als der Expressionismus ist. Sie studieren die Faszination der Reglosigkeit, die ich versucht habe, in Bilder, später in Worte umzusetzen. Es gibt noch etwas anderes, das tief in mir sitzt, eine Art ozeanisches Gefühl. Es ist mir nicht gelungen, es in Filmen zu umschreiben. Ich hatte nicht einmal wirklich Gelegenheit, es zu probieren. Es in Worte umzusetzen ist mir mitunter gelungen, in einigen Gedichten. Aber ich werde mich sicherlich eines Tages auf die Bilder besinnen müssen.

Kann man sich zum Beispiel vorstellen, deinen Roman zu verfilmen?

Ja, durchaus. Im Grunde handelt es sich um ein Drehbuch, das dem von *Taxi Driver* recht nahe kommt. Die visuelle Seite muss jedoch verändert werden. Es hat nichts mit New York zu tun: Die Filmkulisse würde sich hauptsächlich aus Glas, Stahl, reflektierenden Oberflächen zusammensetzen. Büros von Landschaftsarchitekten, Bildschirme; das Universum einer neuen Stadt, die ein in seiner Art einmaliger, erfolgreich geregelter Verkehr durchquert. Gleichzeitig ist die Sexualität in diesem Buch eine Folge von Misserfolgen. Man sollte vor allem jede Verherrlichung des Erotischen vermeiden; die Ermüdung filmen, die Masturbation, das Erbrechen. Aber all das in einer durchsichtigen, kunterbunten, fröhlichen Welt. Wenn man schon einmal dabei ist, könnte man auch Diagramme und graphische Darstellungen einführen: sexuelle Hormonwerte im Blut, Gehalt in Kilofrancs … Man darf nicht zögern, Theoretiker zu sein; man muss auf allen Fronten angreifen. Eine Überdosis Theorie erzeugt eine eigenartige Dynamik.

Du beschreibst deinen Pessimismus als etwas, das nur eine Etappe sein dürfte. Was kann danach kommen?

Ich würde gern der beklemmenden Gegenwart der modernen Welt entkommen; in ein Universum à la *Mary Poppins* zurückkehren, in dem alles gut wäre. Ich weiß nicht, ob mir das gelingen wird. Auch sich über die allgemeine Entwicklung der Dinge zu äußern ist schwer. In Anbetracht des vorliegenden sozioökonomischen Systems, in Anbetracht vor allem unserer philosophischen Annahmen ist absehbar, dass sich der Mensch unter furchtbaren Bedingungen demnächst in eine Katastrophe stürzt; wir sind schon mittendrin. Die logische Folge des Individualismus ist Mord und Unglück. Die Begeisterung, mit der wir uns in diesen Ruin stürzen, ist bemerkenswert, wirklich sehr seltsam. Es ist zum Beispiel erstaunlich, mit welch freudiger Unbekümmertheit man die Psychoanalyse aus dem Weg geräumt hat – die es zugegeben durchaus verdiente –, um sie durch eine reduzierende Lesart des Menschen auf der Basis von Hormonen und Neurotransmittern zu ersetzen. Die mit den Jahrhunderten fortgeschrittene Auflösung der Sozial- und Familienstrukturen, die zunehmende Tendenz von Individuen, sich als isolierte, dem Stoßgesetz unterliegende Teilchen, als provisorische Aggregate noch kleinerer Teilchen anzusehen, all das bewirkt natürlich, dass sich auch nicht die geringfügigste politische Lösung in die Praxis umsetzen lässt. Es ist folglich legitim, dass man damit anfängt, die Quellen eines hohlen Optimismus zu beseitigen. Wenn man auf eine mehr philosophische Analyse der Geschehnisse zurückkommt, wird einem bewusst, dass die Situation noch seltsamer ist, als man zunächst geglaubt hat. Von einem falschen Weltbild geleitet, steuern wir auf eine Katastrophe zu; und niemand weiß es. Die Neurochemiker selber scheinen sich nicht darüber im Klaren zu sein, dass ihre Disziplin auf einem Minenfeld vorrückt. Früher oder später werden sie die molekularen Grundlagen des Bewusstseins angehen; sie werden sich dann mit voller Wucht an Denkweisen stoßen, die aus der Quantenphysik hervorgegangen sind. Wir werden nicht um eine Neudefinition der Wissensgrundlagen, um eine Neudefinition des eigentlichen Begriffs der Realität herumkommen; für das Gefühlsleben sollte man sich das bereits jetzt vor Augen führen. Wie dem auch sei, wir werden sterben, so lange wir eine mechanistische und individualistische Weltanschauung beibehalten. Es erscheint mir daher unvernünftig, noch länger im Leiden und Bösen zu verharren. Die Idee des Ich besetzt seit fünfhundert Jahren den Raum. Es ist Zeit, eine andere Richtung einzuschlagen.

Das Gespräch erschien in Art Press, *n° 199, Februar 1995.*

BRIEF AN LAKIS PROGUIDIS

In der Nummer 9 der Zeitschrift L'Atelier du roman *untersuchte Lakis Proguidis das Verhältnis zwischen Poesie und Roman, und das ganz besonders in meinen Schriften. Diese «Antwort» erschien in der Nummer 10 (Frühjahr 1997).*

Mein lieber Lakis,

Seit wir uns kennen, spüre ich, dass dich meine seltsame (zwanghafte? masochistische?) Verbundenheit mit der Poesie, die ich in regelmäßigen Abständen zum Ausdruck bringe, verwirrt. Du hast natürlich ein Vorgefühl für deren Nachteile: die Sorge der Verleger, die Bestürzung der Kritiker; fügen wir, um das Bild abzurunden, hinzu, dass ich seit meinem Erfolg als Romancier die Dichter aufbringe. Angesichts einer so hartnäckig verfolgten Manie stellst du dir natürlich Fragen; deine Fragen gaben schließlich Anlass zu einem Artikel, der in der Nummer 9 von *L'Atelier du roman* erschien. Sagen wir es ganz deutlich: Ich war von der Ernsthaftigkeit und der Tiefe dieses Artikels beeindruckt. Nach seiner Lektüre spürte ich, dass es schwierig werden würde, mich noch länger zu entziehen; dass es an mir sein würde zu versuchen, mich zu den von dir gestellten Fragen zu äußern.

Die Idee einer Literaturgeschichte, die von der globalen Menschheitsgeschichte abgetrennt wäre, scheint mir nur wenig brauchbar (und ich würde dem hinzufügen, dass die

Demokratisierung des Wissens sie immer künstlicher macht). Wenn ich mich im Folgenden auf außerliterarische Wissensbereiche beziehe, geschieht dies folglich weder aus Provokation noch aus einer Laune heraus. Das 20. Jahrhundert wird für die breite Öffentlichkeit ohne jeden Zweifel das Zeitalter bleiben, in dem eine wissenschaftliche Erklärung der Welt triumphierte, von der sie meint, sie gehe einher mit einer materialistischen Ontologie und mit dem Prinzip des lokalen Determinismus. So gewinnt etwa die Erklärung menschlicher Verhaltensmuster mit Hilfe einer kurzen Liste digitaler Parameter (im Wesentlichen eine Konzentration von Hormonen und Neurotransmittern) jeden Tag an Boden. In diesen Dingen gehört der Romancier ganz offensichtlich der breiten Öffentlichkeit an. Ist er ehrlich, müsste ihm die Gestaltung einer Romanfigur folglich wie eine ein wenig vergebliche Stilübung erscheinen; kurz, ein technischer Plan würde ausreichen. Es ist peinlich, das zu sagen, aber das Konzept der Romanfigur scheint mir die Existenz wenn nicht einer Seele, so doch wenigstens einer *psychologischen* Tiefe vorauszusetzen. Zumindest muss man zugeben, dass die zunehmende Erkundung einer Psychologie lange Zeit als eines der Spezialgebiete des Romanciers gegolten hat und dass die radikale Einschränkung seiner Fähigkeiten ihn zu Zweifeln hinsichtlich der Rechtmäßigkeit seiner Tätigkeit führen muss.

Schlimmer noch: Wie die Beispiele von Dostojewskij oder von Thomas Mann eindringlich zeigen, ist der Roman der natürliche Ort, um philosophische Debatten auszutragen oder philosophische Zerrissenheit zum Ausdruck zu bringen. Es ist ein Euphemismus zu sagen, dass der Triumph des Glaubens an die Wissenschaft den Raum dieser Debatten, den Umfang dieser Zerrissenheit gefährlich einschränkt. Wenn unsere Zeitgenossen über das Wesen der Welt aufgeklärt werden möchten, wenden sie sich nicht mehr an Philosophen oder Denker, die aus den «Geisteswissenschaften» kommen – die sie meist für harmlose Kasper halten –, sondern vertiefen sich in Stephen Hawking, Jean-Didier Vincent oder Trinh Xuan Thuan. Mir scheint, dass die beschränkte Mode der Kneipendiskussionen, der noch durchschlagendere Erfolg der Astrologie oder der Hellseherei höchstens ausgleichende, verschwommen schizophrene Reaktionen auf die Ausweitung der für unausweichlich gehaltenen wissenschaftlichen Weltanschauung sind.

Unter diesen Bedingungen wendet sich der in einem erstickenden Behaviorismus verfangene Roman schließlich seinem einzigen, allerletzten Rettungsanker zu: der «Schreibweise» (in diesem Stadium wird das Wort «Stil» kaum noch benutzt; es ist nicht beeindruckend, nicht mysteriös genug). Summa summarum stünde auf der einen Seite die Wissenschaft, die Ernsthaftigkeit, die Erkenntnis, das Reale. Auf der anderen Seite die Literatur, ihre Willkürlichkeit, ihre Eleganz, ihre Spiele mit der Form; die Produktion von «Texten», kleinen spielerischen Gegenständen, die sich durch den Zusatz von Präfixen (Para-, Meta-, Inter-) kommentieren lassen. Der Inhalt dieser Texte? Es ist nicht gesund, nicht zulässig, ja, sogar unvorsichtig, davon zu sprechen.

Das Spektakel hat seine traurige Seite. Was mich betrifft, habe ich den technischen Ausschweifungen, wie sie von diesem oder jenem Formalisten des Nouveau Roman für ein so dünnes Endresultat ins Werk gesetzt wurden, nie ohne Herzbeklemmen beiwohnen können. Um durchzuhalten, wiederholte ich mir oft Schopenhauers Satz: «Die erste – und praktisch einzige – Voraussetzung für einen guten Stil ist, daß man etwas zu sagen hat.» Dieser Satz ist in seiner charakteristischen Brutalität hilfreich. Wenn zum Beispiel in einer literarischen Unterhaltung das Wort «Schreibweise» fällt, weiß man, dass es Zeit ist, sich ein wenig zu entspannen. Sich umzuschauen, noch ein Bier zu bestellen. Was hat das mit Poesie zu tun? Anscheinend gar nichts. Im Gegenteil – die Poesie scheint auf den ersten Blick noch ernsthafter von der dummen Idee angesteckt, der zufolge die Literatur eine Arbeit mit Sprache sei; mit dem Ziel, eine Schreibweise hervorzubringen. Ein erschwerender Umstand: Sie ist besonders empfänglich für die formalen Bedingungen, unter denen sie ausgeübt wird (Georges Perec zum Beispiel ist es gelungen, trotz Oulipo ein großer Schriftsteller zu werden; ich kenne keinen Dichter, der dem Lettrismus widerstanden hätte). Anzumerken ist jedoch, dass die Auslöschung der Romanfigur sie in keiner Weise betrifft, dass die philosophische – übrigens genauso wenig wie irgendeine andere – Debatte nie ihr natürlicher Ort gewesen ist. Sie behält also einen Großteil ihrer Kraft – unter der Bedingung natürlich, dass sie es akzeptiert, von ihr Gebrauch zu machen.

Ich finde interessant, dass du im Zusammenhang mit mir Christian Bobin erwähnst, sei es, um zu betonen, was mich von diesem liebenswürdigen Gottesanbeter unterscheidet (was mich bei ihm irritiert, ist weniger seine Entzückung über die «bescheidenen Dinge der von Gott geschaffenen Welt» als der ständig von ihm vermittelte Eindruck, dass er über seine eigene Entzückung entzückt ist). Du hättest auch den um einiges abscheulicheren, zweifelhaften Coelho erwähnen können. Ich habe nicht die Absicht, den unangenehmen Folgen der von mir getroffenen Wahl auszuweichen: nämlich die eingeschläferte Macht der poetischen Ausdruckskraft wieder zu erwecken. Wenn die Poesie, sobald sie über die Welt zu sprechen versucht, so mühelos metaphysischer oder mystischer Tendenzen beschuldigt wird, dann aus einem einfachen Grund: Außer dem mechanistischen Reduktionismus und den Albernheiten des *New Age* gibt es nichts mehr. Nichts. Eine erschreckende intellektuelle Leere, eine totale Wüste.

Das 20. Jahrhundert wird – auch – als jenes paradoxe Zeitalter zurückbleiben, in dem die Physiker den Materialismus widerlegten, auf den lokalen Determinismus verzichteten und alles in allem jene Ontologie der Dinge und Eigenschaften völlig aufgaben, die sich zur gleichen Zeit in der breiten Öffentlichkeit als das konstitutive Element einer wissenschaftlichen Weltanschauung durchsetzte. In dieser (wirklich ausgezeichneten) Nummer 9 von *L'Atelier du roman* wird die einnehmende Persönlichkeit von Michel Lacroix erwähnt. Ich habe sein letztes Werk, *L'idéologie du New Age*, aufmerksam gelesen und wieder gelesen. Meine Schlussfolgerung ist klipp und klar: Er hat keine Chance, aus dem von ihm aufgenommenen Kampf siegreich hervorzugehen. Er hat Recht, wenn er sagt, dass das *New Age*, das seinen Ursprung in dem unerträglichen, von der sozialen Auflösung verursachten Leiden hat, das seit seinem Entstehen den neuen Kommunikationsmitteln fest verbunden ist, das wirksame Technologien des Wohlstands anbietet, unendlich mächtiger ist, als man es sich vorstellt. Das Denken des *New Age*, auch darin hat er Recht, ist weit mehr als ein Remix früherer Quacksalbereien: Es war in der Tat das erste

Denken, das aus den jüngsten Umwälzungen, die im wissenschaftlichen Denken stattgefunden hatten (das Studium globaler Systeme, deren Summe nicht auf ihre Bestandteile zurückzuführen ist; der Nachweis der Unteilbarkeit von Quanten), Kapital zu schlagen gedachte. Anstatt seine Angriffe auf diesem Boden zu führen (wo das Denken des New Age letztlich auf wackligen Füßen steht, denn die Umwälzungen, die stattgefunden haben, vertragen sich mit einem uneingeschränkten Positivismus genauso gut wie mit einer Ontologie à la Bohm), begnügt sich Michel Lacroix damit, berührende und abwechslungsreiche Klagen zu äußern, die bezeugen, dass er dem Denken der Andersartigkeit, dem Erbe der griechischen oder jüdisch-christlichen Kultur kindlich treu geblieben ist. Mit Argumenten solchen Schlags wird er keine Chance haben, dem Bulldozer des Holismus zu widerstehen.

Ich hätte es allerdings auch nicht besser gemacht. Das ist es, was mich stört: Ich fühle mich intellektuell außerstande, weiter zu gehen. Ich habe jedoch die Intuition, dass die Poesie eine Rolle zu spielen haben wird, vielleicht in der Art eines chemischen Vorläufers. Die Poesie geht nicht nur dem Roman voraus; sie geht auch – und auf direktere Art – der Philosophie voraus. Wenn Plato die Dichter an den Toren seiner berühmten Stadt zurücklässt, dann deshalb, weil er sie nicht *mehr* braucht (und weil sie, zu nichts mehr nütze, umgehend gefährlich werden). Wenn ich Gedichte schreibe, dann im Grunde vor allem, um die Betonung auf einen monströsen und globalen Mangel zu legen (den man als Mangel an Affektion, an Sozialem, an Religion oder an Metaphysik definieren kann, und jeder dieser Ansätze wäre wahr). Ein anderer Grund mag sein, dass die Poesie die einzige Möglichkeit ist, diesen Mangel im Reinzustand, im Geburtszustand auszudrücken, jeden seiner komplementären Aspekte gleichzeitig auszudrücken. Der Grund mag sein, dass ich folgende winzige Botschaft hinterlassen möchte: «Jemand hat in den 90er Jahren des 20. Jahrhunderts deutlich die Entstehung eines monströsen und globalen Mangels verspürt; außerstande, das Phänomen klar zu umreißen, hat er uns jedoch – als Zeugnis seiner Inkompetenz – einige Gedichte hinterlassen.»

«Ich kämpfe gegen Ideen, von denen ich nicht einmal sicher bin, dass sie existieren.»
(Antoine Waechter)

Die Gegenwartsarchitektur als Beschleunigungsfaktor der Fortbewegung

Die breite Öffentlichkeit, das ist bekannt, mag keine zeitgenössische Kunst. Hinter dieser trivialen Feststellung verbergen sich in Wirklichkeit zwei gegensätzliche Haltungen. Wenn der Durchschnittspassant zufällig an einem Ort vorbeikommt, an dem zeitgenössische Gemälde oder Skulpturen ausgestellt sind, hält er vor den ausgestellten Werken an, vielleicht, um sich über sie lustig zu machen. Seine Haltung schwankt zwischen ironischer Belustigung und einem einfachen Grinsen; wie dem auch sei, er ist empfänglich für ein bestimmtes Maß an *Lächerlichkeit*. Gerade die Bedeutungslosigkeit des vor ihm Ausgestellten ist es, die ihm beruhigende Harmlosigkeit garantiert. Sicher, er hat Zeit *verloren*, aber auf eine im Grunde gar nicht so unangenehme Art.

Stellt man ihn dagegen in ein Gebäude zeitgenössischer Architektur, ist demselben Passanten weit weniger zum Lachen zumute. Sind die Voraussetzungen günstig (spät am Abend oder vor einem Hintergrund aus Polizeisirenen), wird man ein Phänomen beobachten, das deutlich von *Angst* gekennzeichnet ist, sowie eine Beschleunigung sämtlicher organischer Absonderungen. In jedem Fall kommt das aus Sehorganen und Bewegungsgliedmaßen zusammengesetzte Ganze erheblich auf Touren.

Das ist etwa der Fall, wenn ein von einem exotischen Schilderwald in die Irre geführter Touristenbus seine Ladung im Bankenviertel von Segovia oder im Handelszentrum von Barcelona absetzt. Die in ihr vertrautes Universum aus Stahl, Glas und Signalschildern getauchten Besucher finden augenblicklich zu ihrer schnellen Gangart und ihrem funktionalen und gelenkten Blick zurück, der der ihnen vorgesetzten Umgebung entspricht. Zwischen Piktogrammen und Textschildern vorrückend, erreichen sie schnellen Schrittes das Kirchenviertel, den historischen Stadtkern. Sofort verlangsamt sich ihr Schritt, bekommt die Bewegung ihrer Augen etwas Ungewisses, fast Umherirrendes. Ihren Gesichtern liest man eine gewisse stumpfsinnige Verblüffung ab (man denke an das Phänomen des offen stehenden Mundes, typisch für die Amerikaner). Offensichtlich spüren sie, dass sie sich in Gegenwart ungewohnter visueller Objekte befinden, die zu entziffern ihnen schwer fällt. Auf den Mauern tauchen jedoch bald Hinweisschilder auf. Dem Fremdenverkehrsamt ist zu verdanken, dass historisch-kulturelle Orientierungspunkte eingerichtet wurden. Unsere Reisenden können nun ihre Camescopes herausholen, um die Erinnerung an ihre Reise in eine *gelenkte* kulturelle Wegstrecke einzuordnen.

Die zeitgenössische Architektur ist eine *bescheidene* Architektur; sie offenbart ihre autonome Präsenz, ihre Präsenz als Architektur nur durch diskretes *Augenzwinkern* – im Allgemeinen durch winzige Botschaften, in denen sie für ihre eigenen Herstellungsverfahren wirbt (so ist es etwa üblich, die maschinelle Ausrüstung des Fahrstuhls sowie die Firma, die ihn konzipiert hat, gut sichtbar zu machen). Die zeitgenössische Architektur ist eine *funktionale* Architektur. Die sie betreffenden ästhetischen Fragen wurden längst von der Formel «Was funktional ist, ist zwangsläufig schön» aus der Welt geräumt. Eine erstaunliche Voreingenommenheit, der das Schauspiel der Natur permanent widerspricht; und was eher dazu einlädt, die Schönheit als eine Art *Revanche über den Verstand* anzusehen. Wenn natürliche Formen dem Auge gefallen, dann oft deshalb, weil sie keine Funktion haben, weil kein Kriterium von Effizienz wahrnehmbar ist. Sie pflanzen sich in Hülle und Fülle fort, offenbar angetrieben von einer inneren Kraft, die man als reine Lebenslust bezeichnen kann, als reine Lust, sich fortzupflanzen: eine Kraft, die in Wahrheit zwar wenig verständlich (es reicht aus, an den burlesken und ein wenig abstoßenden Einfallsreichtum der Tierwelt zu denken), dafür aber erdrückend augenscheinlich ist. Es ist wahr, dass bestimmte unbelebte Naturformen (Kristalle, Wolken, Wasserkreisläufe) einem thermodynamischen Optimalitätskriterium zu gehorchen scheinen. Aber gerade sie sind am komplexesten, am verzweigtesten. Sie erinnern keineswegs an die Funktionsweise einer rationalen Maschine, sondern eher an das chaotische Sprudeln eines *Prozesses*.

Insofern sie ihr eigentliches Optimum in der Herausbildung von so funktionalen Orten erlangt, dass diese darüber hinweg unsichtbar werden, ist die zeitgenössische Architektur eine *transparente* Architektur. Da es ihre Aufgabe ist, den zügigen Verkehr von Personen und Waren zu ermöglichen, neigt sie dazu, den Raum auf seine rein geometrische Dimension zu reduzieren. Dazu bestimmt, mit einer ununterbrochenen Abfolge textueller, visueller und illustrierter Botschaften bestückt zu werden, hat sie deren maximale

Lesbarkeit zu gewährleisten (nur ein vollkommen transparenter Ort ist in der Lage, eine umfassende Weiterleitung von Informationen zu gewährleisten). Dem strengen Gesetz des Konsens unterworfen, beschränken sich die einzigen echten Botschaften, die sie sich herausnimmt, auf objektive Informationen. Der Inhalt jener immensen, die Autobahnen säumenden Straßenschilder etwa war Gegenstand einer gründlichen Vorstudie. Zahlreiche Umfragen wurden durchgeführt, um zu vermeiden, diese oder jene Benutzerkategorie vor den Kopf zu stoßen. Psychosoziologen sowie Spezialisten der Straßensicherheit wurden konsultiert: all das, um bei Hinweisschildern im Stil von «Auxerre» oder «Seenplatte» zu enden.
Der Bahnhof Montparnasse entfaltet eine transparente und geheimnislose Architektur, stellt die notwendige und ausreichende Entfernung zwischen den Videobildschirmen der Abfahrtszeiten und den elektronischen Reservierungsterminals her, schildert mit angemessener Redundanz die Abfahrts- und Ankunftsgleise durch Pfeile aus. So gestattet er dem durchschnittlich oder überdurchschnittlich intelligenten, westlichen Menschen die Erreichung seines Reiseziels, indem er Reibereien, Ungenauigkeiten und verlorene Zeit auf ein Mindestmaß reduziert. Noch allgemeiner gesagt, muss jede Form zeitgenössischer Architektur als eine ungeheure Vorrichtung zur Beschleunigung und Rationalisierung menschlicher Fortbewegung angesehen werden; so gesehen ist das System der Autobahnzubringer, das man in der Nachbarschaft von Fontainebleau-Melun Sud beobachten kann, ihr idealer Standort.
Auf die gleiche Weise kann das unter dem Namen La Défense bekannt gewordene architektonische Ensemble als

eine rein produktive Vorrichtung angesehen werden, eine Vorrichtung, die die individuelle Produktivität erhöhen soll. Aber selbst wenn diese paranoide Vision örtlich zutrifft, ist sie nicht in der Lage, die Gleichförmigkeit zu reflektieren, mit der die Architektur auf die Unterschiedlichkeit sozialer Bedürfnisse (Supermärkte, Nachtclubs, Bürogebäude, Kultur- und Sportzentren) antwortet. Wir kommen hingegen weiter, wenn wir berücksichtigen, dass wir nicht nur in einer Marktwirtschaft, sondern allgemein gesagt in einer *Marktgesellschaft* leben; das heißt in einem Kulturraum, in dem sämtliche zwischenmenschliche Beziehungen und auch sämtliche Beziehungen des Menschen zu seiner Umwelt über ein Zahlenkalkül vermittelt werden, bei dem die Attraktivität, die Neuheit und das Preis-Leistungs-Verhältnis zum Tragen kommt. Bei dieser Logik, die sowohl die Erotik, das Liebes- und Berufsleben als auch das eigentliche Kaufverhalten überschattet, geht es darum, die Herstellung solcher Beziehungen zu erleichtern, die sich zügig erneuern lassen (zwischen Konsumenten und Waren, zwischen Angestellten und Unternehmen, zwischen Liebhabern), folglich eine konsumorientierte Durchlässigkeit zu fördern, die auf einer Ethik der Verantwortung, der Transparenz und der freien Wahl gründet.

Die endgültige Version dieses Textes erschien in Dix
(Les Inrockuptibles / Grasset, 1997)

Die zeitgenössische Architektur stattet sich also implizit mit einem simplen Programm aus, das sich wie folgt zusammenfassen lässt: sie *errichtet die Regale des sozialen Supermarktes.* Das gelingt ihr einerseits, indem sie der Ästhetik des Regals die absolute Treue hält und andererseits, indem sie bevorzugt Materialien gebraucht, deren Granulometrie niedrig oder gleich null ist (Metall, Glas, plastische Materialien). Darüber hinaus macht der Gebrauch von reflektierenden oder transparenten Oberflächen die angemessene Vervielfachung von Warenständern möglich. In jedem Fall geht es darum, polymorphe, neutrale, austauschbare Räume zu schaffen (Der gleiche Prozess ist übrigens in der Innenarchitektur zugange: In diesem ausgehenden Jahrhundert eine Wohnung einzurichten, bedeutet im Wesentlichen, die Wände einzureißen, um sie durch bewegliche Trennwände zu ersetzen – die in Wirklichkeit nur wenig verschoben werden, da es keinen Grund gibt, sie zu verschieben; Hauptsache ist jedoch, dass die Möglichkeit ihrer Verschiebung besteht, dass ein zusätzlicher Grad an Freiheit geschaffen wurde – und eingebaute Dekorationselemente zu entfernen: die Wände sind weiß, die Möbel durchscheinend). Es geht darum, neutrale Räume zu schaffen, in denen sich die Botschaften in Form von Information oder Werbung, die vom Sozialkörper ausgegeben werden und aus denen er sich übrigens zusammensetzt, ungehindert ausbreiten können. Denn was produzieren die Angestellten und Kader, die in La Défense zusammengefasst sind? Genau genommen gar nichts. Der materielle Produktionsprozess ist für sie sogar völlig undurchschaubar. Ihnen werden digitale Informationen über die Dinge der Welt zugestellt. Diese Informationen sind der Rohstoff von Statistiken, von Berechnungen; es werden Modelle erarbeitet, Entscheidungsschemata erstellt; am Ende der Kette werden Entscheidungen getroffen, neue Informationen in den Sozialkörper gepumpt. Auf diese Weise wird die sinnliche Welt durch ihr digitales Bild ersetzt. Das Wesen der Dinge wird verdrängt vom Schaubild ihrer Variationen. Die modernen Orte, vielseitig nutzbar und neutral, passen sich der unendlichen Anzahl von Botschaften an, denen sie als Träger dienen müssen. Sie können es sich nicht leisten, eine eigene Botschaft auszugeben, eine besondere Stimmung heraufzubeschwören; so können sie weder schön noch poetisch noch allgemein gesprochen in irgendeiner Weise eigentümlich sein. Jedes individuellen und anhaltenden Charakters beraubt – und nur unter dieser Bedingung –, sind sie jetzt bereit, das unendliche Pulsieren des Vergänglichen in sich aufzunehmen.

Die modernen Angestellten – mobil, offen für Veränderung und verfügbar – leiden unter einer ähnlichen Entindividualisierung. Die Techniken zum Erlernen der Veränderung, wie sie von den Workshops des *New Age* in Umlauf gebracht wurden, setzen sich zum Ziel, Individuen zu schaffen, die sich unendlich versetzen lassen, die jeder intellektuellen oder emotionalen Starrheit entledigt sind. Von den Einengungen befreit, wie sie Zugehörigkeitsgefühl, Treue oder ein streng kodiertes Verhalten bedeuteten, ist das moderne Individuum somit bereit, in einem System verallgemeinerter Transaktionen Platz zu nehmen, in dem es möglich geworden ist, ihm auf eindeutige, unzweideutige Weise einen *Tauschwert* zuzuweisen.

Die Rechnungen vereinfachen

Die zunehmende, in den Vereinigten Staaten bereits weit fortgeschrittene Nummerisierung mikrosoziologischer Funktionen wies in Westeuropa erheblichen Rückstand auf, wie es beispielsweise die Romane Marcel Prousts bezeugen. Es brauchte mehrere Jahrzehnte, um die verschiedenen Berufssparten vollständig ihrer Symbolik zu entledigen, wobei es keine Rolle spielte, ob diese Symbolik Anerkennung (Kirche, Schule) oder Geringschätzung (Werbung, Prostitution) zum Ausdruck brachte. In der Folge dieses Läuterungsprozesses wurde es möglich, zwischen den sozialen Stellungen auf der Grundlage von zwei einfachen Kriterien, zwei Ziffern, eine präzise Hierarchie zu erstellen: Jahreseinkommen und Zahl der Arbeitsstunden.
Auch was das Liebesleben betrifft, waren die Parameter des sexuellen Austauschs lange Zeit dem System einer lyrischen, impressionistischen, unzuverlässigen Beschreibung verpflichtet. Auch hier waren es die USA, die den ersten ernsthaften Versuch unternahmen, Standards zu definieren. Dieser Versuch, gestützt auf einfache und objektiv überprüfbare Kriterien (Alter, Größe, Gewicht, Taille, Hüft-, und Brustumfang bei der Frau; Alter, Größe, Gewicht, Umfang des erigierten Gliedes beim Mann) wurde zunächst durch die Pornoindustrie unters Volk gebracht und dabei bald von der Frauenpresse abgelöst. Während die vereinfachte ökonomische Hierarchie lange Zeit auf sporadischen Widerstand stieß (Bewegungen zugunsten «sozialer Gerechtigkeit»), wurde die als natürlicher empfundene erotische Hierarchie bemerkenswert schnell verinnerlicht und war von vornherein Gegenstand eines breiten Konsens.

Der westliche Mensch – zumindest der junge –, nun in der Lage, sich mit Hilfe einer Kurzsammlung nummerischer Parameter selbst zu definieren, befreit vom Nachdenken über das Dasein, das seine geistige Beweglichkeit lange Zeit beeinträchtigt hatte, war nun imstande, sich den technologischen Umwälzungen anzupassen, die seine Gesellschaft ergriff; Umwälzungen, die in ihrem Gefolge umfassende ökonomische, psychologische und soziale Veränderungen nach sich zogen.

Eine kurze Geschichte der Information

Gegen Ende des Zweiten Weltkrieges machten die Simulation der Flugbahnen von Mittel- und Langstreckenraketen und die Modelldarstellungen von Atomkernspaltungen den Bedarf an leistungsfähigeren algorithmischen und digitalen Rechenanlagen spürbar. Den theoretischen Arbeiten John von Neumanns ist es teilweise zu verdanken, dass die ersten Computer das Licht der Welt erblickten.

Zu jener Zeit zeichnete sich die Büroarbeit durch eine Standardisierung und Rationalisierung aus, die weniger fortgeschritten war als jene, die in der Industrieproduktion überwog. Die Verwendung der ersten Computer für Verwaltungsaufgaben hatte das sofortige Verschwinden jeglicher Freiheit und Flexibilität bei der Umsetzung von Arbeitsverfahren – kurz, die brutale Proletarisierung der Angestelltenschicht – zur Folge.

Mit einem Verzug, der komisch anmutet, sah sich die europäische Literatur in denselben Jahren mit einem neuen Werkzeug konfrontiert: der *Schreibmaschine*. Die unbegrenzte und vielfältige Arbeit am Manuskript (mit seinen Ergänzungen, seinen Querverweisen, seinen Randbemerkungen) verschwand zugunsten eines geradlinigeren und einförmigeren Stils. Im Grunde fand eine Gleichschaltung mit den Normen des Kriminalromans und des amerikanischen Journalismus statt (man denke an die Entstehung des Mythos Underwood oder an den Erfolg von Hemingway). Das verminderte Ansehen der Literatur führte zahlreiche junge, über «kreatives» Temperament verfügende Autoren dazu, die aussichtsreicheren Richtungen des Kinos und des Chansons einzuschlagen (Richtungen, die letztlich in eine Sackgasse mündeten, denn die amerikanische Unterhaltungsindustrie sollte wenig später mit der Zerstörung der lokalen Unterhaltungsindustrien beginnen – eine Arbeit, die, wie wir sehen, heute ihrem Ende entgegengeht).

Das plötzliche Auftreten des PC zu Beginn der 80er Jahre kann man als eine Art historischen Zufall ansehen. Sein Auftreten ist in der Tat unerklärlich, da ihm, abgesehen von Erwägungen wie etwa die Fortschritte in der Regulierung von Schwachstrom und der Herstellung von Siliziumchips, keinerlei ökonomische Notwendigkeit zugrunde liegt. Völlig unerwartet kamen die Büroangestellten und mittleren Kader in den Besitz eines leistungsfähigen, benutzerfreundlichen Werkzeugs, das es ihnen – de facto, wenn nicht von Rechts wegen – ermöglichte, die Kontrolle über die wichtigsten Bestandteile ihrer Arbeit wiederzuerlangen. Ein stummer, nur wenig bekannter Kampf spielte sich mehrere Jahre lang zwischen den Leitungen der Informatikabteilungen und den «Benutzern an der Basis» ab, denen mitunter leidenschaftliche Informatiker zur Seite standen. Am erstaunlichsten ist, dass die Führungsgremien – denen die Kosten und die mangelnde Effizienz der Großrechner bewusst wurden, während die Serienproduktion die Herstellung von zuverlässigem und preiswertem Büromaterial und von Bürosoftware ermöglichte –, nach und nach ins Feld der Mikroinformatik umschwenkten.

Für den Schriftsteller war der PC eine unverhoffte Befreiung: Selbst wenn man nicht wirklich die Flexibilität und die Annehmlichkeiten eines Manuskriptes wieder fand, wurde es immerhin wieder möglich, sich einer ernsthaften Textarbeit zu widmen. Verschiedene Anzeichen ließen in jenen Jahren darauf schließen, dass die Literatur einen Teil ihres früheren Prestiges wiedererlangen würde – weniger übrigens durch eigenes Verdienst als durch die Selbstauslöschung ihrer Rivalen. Rock und Kino, der kolossalen Gleichmacherei des Fernsehens unterworfen, verloren nach und nach ihren Zauber. Die früheren Unterscheidungen zwischen Film, Clip, Nachrichtensendung, Werbung, Augenzeugenbericht und Reportage verschwanden tendenziell zugunsten eines verallgemeinerten Spektakels.

Bereits Anfang der 90er Jahre machten die Einführung von Glasfasern und das Industrieabkommen über das TCP-IP-Protokoll die Einrichtung von Computernetzen innerhalb eines Unternehmens, dann auch zwischen Unternehmen möglich. Der PC, nun erneut zum simplen Arbeitsplatz innerhalb von betriebssicheren Client-Server-Systemen verkommen, verlor völlig seine Kapazität, Texte autonom zu verarbeiten. In Wirklichkeit wurden die Arbeitsverfahren innerhalb mobilerer, quer geschalteter, effizienterer Informationsverarbeitungssysteme standardisiert.

Die in den Unternehmen allgegenwärtigen PCs waren im Einzelhandel aus Gründen, die seither klar analysiert worden sind (hoher Preis, kein wirklicher Nutzen, Schwierigkeiten bei der Bedienung in liegender Position), gescheitert. Die späten 90er sahen die Entstehung der ersten Netzcomputer; diese Computer, die weder über eine Festplatte noch über ein Betriebssystem verfügten und deren Herstellungskosten folglich äußerst niedrig waren, wurden entwickelt, um den Zugang zu den riesigen Datenbanken zu ermöglichen, die die amerikanische Unterhaltungsindustrie eingerichtet hatte. Mit einer (offiziell zumindest) abgesicherten, ästhetisch ansprechenden und leicht zu handhabenden Vorrichtung zum online-payment per Kreditkarte sollten sie schnell zur Norm werden und dabei sowohl Handy, Minitel als auch die Fernbedienung der klassischen Fernsehapparate ersetzen.
Völlig unerwartet sollte das Buch einen lebhaften Pol des Widerstands bilden. Versuche wurden unternommen, online-Versionen von Büchern ins Internet zu speisen; ihr Erfolg blieb bescheiden, beschränkte sich auf Lexika und Nachschlagewerke. Einige Jahre später musste sich die Industrie eingestehen, dass der praktischere, attraktivere und leichter zu handhabende Gegenstand «Buch» die Gunst des Publikums behielt. Jedes gekaufte Buch aber wurde ein gefährliches Instrument geistigen Abschaltens. In der Vergangenheit war es der Literatur in der intimen Chemie des Gehirns oft möglich gewesen, das Reale in den Hintergrund zu drängen. Sie hatte von virtuellen Sphären nichts zu befürchten. Damit begann eine paradoxe, bis heute andauernde Zeit, in der weltweite Unterhaltung und weltweiter Austausch – bei denen die artikulierte Sprache einen redu-

zierten Platz einnahm – einherging mit einer Verstärkung der Landessprachen und der lokalen Kulturen.

Das Aufkommen der Ermüdung

In politischer Hinsicht hatte die Opposition gegen den weltweiten Liberalismus weit früher eingesetzt. Ihren Gründungsakt erfuhr sie in Frankreich 1992, mit der Kampagne gegen das Referendum über das Abkommen von Maastricht. Diese Kampagne schöpfte ihre Kraft weniger aus dem Bezug auf eine nationale Identität oder einen republikanischen Patriotismus – beide waren 1916–1917 im Gemetzel von Verdun verschwunden – als aus einer echten, allgemeinen Ermüdung, einem ganz einfachen Gefühl der Ablehnung. Wie alle Historizismen vor ihm spielte der Liberalismus die Karte der Einschüchterung, indem er sich als unausweichliche historische Zukunft darstellte. Wie alle Historizismen vor ihm gab sich der Liberalismus – im Namen einer langfristigen Vision von der *historischen Entwicklung der Menschheit* – als Höhepunkt und Überbietung des *einfachen ethischen Gefühls* aus. Wie alle Historizismen vor ihm versprach der Liberalismus für die nächste Zeit Anstrengung und Leid und verwies den Beginn des allgemeinen Wohlstands auf ein oder zwei Generationen später. Diese Denkweise hatte das ganze 20. Jahrhundert über schon genügend Schaden angerichtet.
Die von den Historizismen regelmäßig vorgenommene Entstellung des Fortschrittskonzepts sollte leider das Entstehen *burlesker Denkformen* begünstigen, wie sie für wirre Zeiten typisch sind. Oft von Heraklit oder Nietzsche angeregt,

den mittleren und besseren Einkommensklassen bestens angepasst und von einer mitunter gefälligen Ästhetik, schienen sie sich insofern zu bestätigen, als sich in den weniger begünstigten Schichten komplizierte, unberechenbare und gewalttätige Identitätsreflexe ausbreiteten. Tatsächlich führten bestimmte Aussagen der mathematischen Theorie der Störfunktionen immer häufiger dazu, dass man die Menschheitsgeschichte in Form eines chaotischen Systems darstellte, in dem Futurologen und medienwirksame Denker alle Kräfte aufboten, um eine oder mehrere *seltsame Anziehungskräfte* nachzuweisen. Obwohl diese Analyse jeder methodologischen Grundlage entbehrte, sollte sie bei den gebildeten oder halb gebildeten Schichten an Boden gewinnen und damit die Herausbildung einer neuen Ontologie dauerhaft verhindern.

Die Welt als Supermarkt und Hohn

Arthur Schopenhauer glaubte nicht an die Geschichte. Er starb in der Überzeugung, dass die Offenbarung, die er über die Welt gebracht hatte – die Welt als Wille einerseits (als Verlangen, als Lebensschwung) und als (in sich neutrale, unschuldige, rein objektive und als solche für die ästhetische Nachbildung geeignete) Vorstellung andererseits –, die nachfolgenden Generationen überleben würde. Heute kann man sagen, dass er zum Teil Unrecht hatte. Die von ihm erarbeiteten Konzepte sind im Muster unserer Lebensläufe noch erkennbar. Sie haben jedoch derartige Metamorphosen durchlaufen, dass man sich fragen kann, ob sie noch Gültigkeit besitzen.

Das Wort «Wille» scheint auf einen andauernden Zustand der Anspannung hinzuweisen, auf ein stetiges, bewusstes oder unbewusstes, aber sinnvolles Streben nach einem Ziel. Gewiss: noch bauen die Vögel Nester, noch kämpfen die Hirsche um die Weibchen; und in Schopenhauers Sinne lässt sich durchaus sagen, dass es der gleiche Hirsch ist, der kämpft, und die gleiche Larve, die wühlt, seit sie das Licht der Welt erblickten. Mit dem Menschen verhält es sich völlig anders. Die Logik des Supermarktes führt zwangsläufig zu einer Streuung des Verlangens. Der Mensch des Supermarktes kann organisch gesehen nicht der Mensch eines einzigen Willens, eines einzigen Verlangens sein. Das erklärt, weshalb das Wollen beim zeitgenössischen Menschen einen gewissen Tiefstand erleidet. Nicht dass der Einzelne weniger verlangen würde. Im Gegenteil, er verlangt mehr und mehr, nur hat sein Verlangen etwas Aufreißerisches und Kreischendes bekommen: zwar ist es kein reines Trugbild, dafür aber zum großen Teil das Produkt äußerer Determinierungen, sagen wir Determinierungen der *Werbung* im weitesten Sinne. Nichts in ihnen erinnert an die organische, totale, hartnäckig auf ihre Vollendung ausgerichtete Kraft, die das Wort «Wille» suggeriert – daher der gewisse Mangel an Persönlichkeit, der sich bei jedem beobachten lässt.

Die vom Sinn schwer infizierte Vorstellung hat jede Unschuld verloren. Man kann eine Vorstellung dann als *unschuldig* bezeichnen, wenn sie sich einfach als solche ausgibt, wenn sie lediglich vorgibt, das Abbild einer äußeren (realen oder imaginären, aber äußerlichen) Welt zu sein; mit anderen Worten, wenn sie nicht ihren eigenen kritischen Kommentar einschließt. Die massive Einführung in

Vorstellungen von *Verweisen*, von Hohn, von *übertragener Bedeutung* oder von Humor hat Kunst und Philosophie insofern unterlaufen, als sie sie in eine verallgemeinerte Rhetorik verwandelt hat. So wie jede Wissenschaft ist auch jede Kunstform ein Mittel zwischenmenschlicher Kommunikation. Es ist klar, dass die Wirksamkeit und die Intensität der Kommunikation in dem Moment abnehmen und zur Aufhebung neigen, in dem Zweifel einsetzen an der Wahrhaftigkeit des Gesagten, an der Aufrichtigkeit des zum Ausdruck Gebrachten. (Kann man sich etwa eine Wissenschaft *in übertragener Bedeutung* vorstellen?) Die tendenziell zerbröckelnde Kreativität in den Künsten ist deshalb nur eine andere Facette der ganz und gar zeitgenössischen Unmöglichkeit des *Gesprächs*. Ein gewöhnliches Gespräch verläuft in der Regel so, als sei der unmittelbare Ausdruck eines Gefühls, einer Gemütsbewegung, einer Idee unmöglich – weil zu vulgär – geworden. Alles muss den verzerrenden Filter des *Humors* durchlaufen, eines Humors, der sich zum Schluss natürlich im Kreise dreht und sich in ein tragisches Schweigen verwandelt. Das zeichnet sowohl die Geschichte der berühmten «Unkommunizierbarkeit» aus (es ist bemerkenswert, dass die wiederholte Ausschlachtung dieses Themas in keiner Weise verhindert hat, dass diese sich in der Praxis ausweitet und aktueller ist als je zuvor, selbst wenn man es ein wenig müde geworden ist, darüber zu sprechen) als auch die tragische Geschichte der Malerei des 20. Jahrhunderts. Die Entwicklung der Malerei veranschaulicht so – zugegeben weniger im direkten Ansatz als in der Analogie der Atmosphäre – die Entwicklung der zwischenmenschlichen Kommunikation in unserer Zeit. In beiden Fällen gleiten wir in eine ungesunde, betrügerische, zutiefst höhnische und in ihrem Hohn am Ende gar tragische Atmosphäre ab. So darf der Durchschnittspassant, der eine Gemäldegalerie durchquert, sich nicht lange aufhalten, will er seine ironisch distanzierte Haltung bewahren. Wider Willen befällt ihn nach wenigen Minuten Verwirrung oder zumindest Benommenheit, Unbehagen; er spürt eine beunruhigende Verlangsamung seiner humoristischen Funktion. (Das Tragische tritt genau dann auf den Plan, wenn man den Hohn nicht mehr für *fun* halten kann. Es ist eine Art brutaler psychologischer Umkehrung, die den unnachgiebigen Wunsch nach Ewigkeit beim Individuum sichtbar macht. Die Werbung kann diesem, sich ihrem Ziel entgegensetzenden Phänomen nur durch die unaufhörliche Erneuerung ihrer Trugbilder ausweichen. Die Bestimmung der Malerei liegt jedoch weiterhin in der Schaffung beständiger Dinge, die zudem über einen eigenen Charakter verfügen sollen. Diese Sehnsucht nach dem Sein ist es, die ihr ihren traurigen Glanz verleiht und die aus ihr wohl oder übel einen getreuen Spiegel der geistigen Situation des westlichen Menschen macht.)

In bemerkenswertem Kontrast dazu steht das relative Wohlbefinden der Literatur im gleichen Zeitraum. Es ist leicht zu erklären. Die Literatur ist eine von Grund auf konzeptuelle Kunst. Sie ist genau genommen sogar die einzige. Worte sind Konzepte, Klischees sind Konzepte. Nichts kann ohne die Zuhilfenahme von Konzepten und Worten bejaht, verleugnet, relativiert oder verspottet werden. Das erklärt die erstaunliche Robustheit der Literatur, die sich verweigern, sich selbst vernichten, ihre Unmöglichkeit dekretieren kann, ohne dass sie deswegen aufhören würde, sie selbst zu sein. Die jeder «Mise en abyme« [1], jeder Dekonstruktion, jeder Anhäufung auch noch so subtiler übertragener Bedeutungen widersteht; die einfach wieder aufsteht, sich schüttelt und auf die Beine kommt, wie ein Hund, der aus einer Pfütze steigt.

Im Gegensatz zur Musik, im Gegensatz zur Malerei, im Gegensatz auch zum Film kann die Literatur auf diese Weise unendliche Mengen von Hohn und Humor in sich aufnehmen und verarbeiten. Die Gefahren, die sie heute bedrohen, haben nichts mit denen zu tun, welche die anderen Künste bedroht, ja, mitunter zerstört haben. Sie liegen vielmehr in der Beschleunigung der Wahrnehmungen und Sinneseindrücke, die die Logik des Supermarktes kennzeichnet. Ein Buch kann man in Wirklichkeit nur *langsam* schätzen lernen. Es beinhaltet ein Nachdenken (gar nicht im Sinne einer intellektuellen Anstrengung, sondern im Sinne *der Möglichkeit, auf etwas zurückzukommen*). Es gibt keine Lektüre ohne Anhalten, ohne Rückwärtsbewegung, ohne Wiederlesen – was unmöglich, ja, absurd ist in einer Welt, in der sich alles verändert, alles fluktuiert, in der nichts – weder die Vorschriften noch die Dinge noch die Lebewesen – anhaltende Gültigkeit haben. Die Literatur stellt sich mit ihrer ganzen (ehemals großen) Kraft dem Begriff des ständig Aktuellen, des ewig Präsenten entgegen. Die Bücher verlangen nach Lesern. Diese Leser aber müssen ein individuelles und stabiles Leben aufweisen: Sie dürfen nicht nur Konsumen-

[1] *Stilmittel, bei dem eine in die Haupthandlung eingeschobene Nebenhandlung ein Bild oder ein Motiv der Haupthandlung aufgreift, in miniatura identisch reproduziert und damit die Haupthandlung widerspiegelt.*

ten sein, nicht nur Phantome. Sie müssen gewissermaßen auch *Subjekte* sein.

Der westliche Leser, aufgerieben von der feigen Besessenheit des *«politically correct»*, geblendet von einer Flut von Pseudo-Informationen, die ihm die Illusion einer ständigen Veränderung des Verständnisses von Existenz vermitteln (man *kann nicht mehr* denken, was vor zehn, hundert oder tausend Jahren gedacht wurde), vermag es nicht mehr, Leser zu sein; er vermag es nicht mehr, der bescheidenen Bitte eines vor ihm liegenden Buches nachzukommen: lediglich ein Mensch zu sein, der selbständig denkt und empfindet.

Umso weniger kann er diese Rolle einem anderen Menschen gegenüber spielen. Obwohl es Not täte: denn diese Auflösung des Menschen ist eine tragische Auflösung. Jeder, angetrieben von einer schmerzlichen Sehnsucht, verlangt vom anderen weiterhin das, was er nicht mehr sein kann, setzt wie ein irregeführter Geist die Suche nach dem Gewicht des Seins fort, das er in sich selbst nicht mehr findet. Nach Beständigkeit, nach Dauerhaftigkeit, nach Tiefe. Jeder scheitert natürlich, und die Einsamkeit ist schrecklich.

Der Tod Gottes in der westlichen Welt war das erste Anzeichen für einen gewaltigen metaphysischen Fortsetzungsroman, der bis heute seinen Fortgang nimmt. Jeder Historiker der Geistesgeschichte wäre in der Lage, dessen einzelne Etappen zu rekonstituieren. Sagen wir, um es kurz zu fassen, dass dem Christentum das *Meisterstück* gelungen war, den ungezähmten Glauben an das Individuum – im Verhältnis zu den Briefen des heiligen Paulus erscheint uns die gesamte antike Kultur heute merkwürdig zivilisiert und eintö-

nig – mit dem Versprechen einer ewigen Teilnahme am Göttlichen zu kombinieren. Als dieser Traum ausgeträumt war, versprach man dem Einzelnen in diversen Versuchen ein Minimum an Sein, um den Traum vom Sein, den er in sich trug, mit der quälenden Allgegenwart des Werdenden auszusöhnen. Diese Versuche sind bis heute alle gescheitert, und das Unheil hat sich weiter ausgebreitet.
Die Werbung bildet den vorläufig letzten dieser Versuche. Obwohl sie anstrebt, das Begehren hervorzurufen, zu provozieren, das Begehren zu *sein*, sind ihre Methoden im Grunde denen recht ähnlich, die die frühere Moral kennzeichneten. Sie setzt ein erschreckendes, hartherziges Über-Ich ein, das weit unerbittlicher ist als jedes Pflichtgebot, das jemals existiert hat. Es klebt sich an die Haut des Individuums und wiederholt ihm unaufhörlich: «Du musst begehren. Du musst begehrenswert sein. Du musst am Wettkampf teilhaben, am Kampf, am Leben der Welt. Wenn du aufhörst, existierst du nicht mehr. Wenn du zurückbleibst, bist du tot.» Die Werbung, die jedes Konzept von Ewigkeit in Abrede stellt, die sich selbst als Prozess einer ständigen Erneuerung definiert, strebt die Zerstörung des Subjekts an, um es in ein höriges Phantom des Werdenden zu verwandeln. Und diese oberflächliche, seichte Beteiligung am Leben der Welt soll das Begehren nach dem Sein ersetzen.
Die Werbung scheitert, die Depressionen werden zahlreicher, die Verwirrung nimmt zu. Die Werbung baut trotzdem an den Infrastrukturen weiter, mit deren Hilfe ihre Botschaften empfangen werden. Sie arbeitet weiter an der Vervollkommnung der Fortbewegungsmittel für Menschen, die keinen Ort haben, an den sie fahren könnten, weil sie keinen Ort haben, an dem sie zu Hause sind. Sie arbeitet

weiter an der Entwicklung von Kommunikationsmitteln für Menschen, die sich nichts mehr zu sagen haben. Sie arbeitet weiter an der Erleichterung von Interaktionen zwischen Menschen, die keine Lust mehr haben, mit wem auch immer in Verbindung zu treten.

Die Poesie der angehaltenen Bewegung

Im Mai 1968 war ich zehn Jahre alt. Ich spielte mit Murmeln, ich las *Pif, der Hund*, das Leben war schön. An die «Ereignisse des Mai 68» habe ich eine einzige, jedoch sehr lebhafte Erinnerung. Mein Cousin Jean-Pierre war damals in der zwölften Klasse des Gymnasiums von Raincy. Das Gymnasium erschien mir damals (die Erfahrung, die ich später mit ihm machte, sollte diese erste Ahnung, zu der sich eine schmerzliche sexuelle Dimension gesellte, im Übrigen bestätigen) als ein weiträumiger und schrecklicher Ort, an dem ältere Jungen versessen schwierige Fächer studierten, um sich ihre berufliche Zukunft zu sichern. An einem Freitag begab ich mich, ich weiß nicht mehr weshalb, mit meiner Tante dorthin, um meinen Cousin nach dem Unterricht von der Schule abzuholen. Am selben Tag hatte am Gymnasium von Raincy ein unbefristeter Streik begonnen. Der Schulhof, von dem ich dachte, er sei mit Hunderten geschäftiger Jugendlicher gefüllt, war menschenleer. Einige Lehrer streiften ziellos zwischen den Pfosten der Handballtore umher. Ich erinnere mich, dass ich minutenlang auf diesem Hof umherlief, während meine Tante versuchte, irgendwelche Informationen aufzutreiben. Es herrschte totaler Frieden, absolute Stille. Es war ein wunderbarer Augenblick.

Im Dezember 1986 befand ich mich auf dem Bahnhof von Avignon, das Wetter war mild. Aufgrund gefühlsmäßiger Schwierigkeiten, deren Wiedergabe hier langwierig wäre, musste ich – zumindest glaubte ich das – unbedingt den TGV nach Paris nehmen. Ich wusste nicht, dass auf dem gesamten Netz der französischen Eisenbahn gerade ein Streik ausgebrochen war. Auf diese Weise wurde die funktionsgemäße Abfolge: Austausch von Sex, Abenteuer und Überdruss mit einem Schlag unterbrochen. Ich verbrachte zwei Stunden auf einer Bank, wo ich einer verödeten Landschaft von Eisenbahnen gegenüber saß. Die Wagons des TGV standen unbeweglich auf den Abstellgleisen. Man hätte meinen können, sie stünden dort seit Jahren, ja, sie seien nie gerollt. Sie standen einfach da, reglos. Die Reisenden flüsterten sich mit leiser Stimme Auskünfte zu. Die Stimmung neigte zur Resignation, zur Ungewissheit. Es hätte sich um einen Krieg handeln können oder um das Ende der westlichen Welt.
Bestimmte Zeugen, die die «Ereignisse von 1968» unmittelbar miterlebt hatten, erzählten mir später, es habe sich um eine wunderbare Zeit gehandelt, in der sich die Leute auf der Straße ansprachen, in der alles möglich schien. Ich möchte es gern glauben. Andere geben lediglich zu bedenken, dass keine Züge mehr fuhren, dass kein Benzin mehr aufzutreiben war. Ich stimme dem bedenkenlos zu. Ich finde, diese Zeugnisse haben alle einen gemeinsamen Zug: Für einige Tage hörte eine riesige und bedrückende Maschine auf magische Weise auf, sich zu drehen. Es herrschte Unschlüssigkeit, Ungewissheit; ein Schwebezustand trat ein, im Land breitete sich eine gewisse Ruhe aus. Natürlich fing die Sozialmaschine dann wieder an, sich zu drehen – noch schneller, noch unerbittlicher (der Mai 68 hat nur

dazu gedient, mit den wenigen moralischen Regeln zu brechen, die ihrem gefräßigen Lauf bis dahin noch im Wege standen). Nichtsdestotrotz gab es einen Augenblick des Stillstands, des Zögerns, einen Augenblick metaphysischer Ungewissheit.

Aus wahrscheinlich den gleichen Gründen ist die Reaktion des Publikums angesichts eines plötzlichen Stillstands der Informationsübertragungsnetze, wenn es den ersten Anflug von Ärger erst einmal überwunden hat, alles andere als völlig negativ. Dieses Phänomen lässt sich jedes Mal beobachten, wenn ein elektronisches Reservierungssystem eine Panne hat (ein recht häufig eintretender Fall): Sobald der Missstand zugegeben wurde und vor allem, sobald sich die Angestellten entschließen, ihr Telefon zu benutzen, kommt bei den Benutzern heimliche Freude auf; als gäbe ihnen das Schicksal die Gelegenheit, sich heimtückisch an der Technologie zu rächen. Genauso reicht es aus – will man wissen, was die Öffentlichkeit im Grunde von der Architektur hält, in der man sie zu leben zwingt –, ihre Reaktionen zu beobachten, wenn man sich entschließt, einen jener in den 60er Jahren in der Banlieue errichteten Blöcke in die Luft zu jagen: ein Augenblick sehr reiner und sehr gewaltiger Freude, der Trunkenheit einer unerhofften Befreiung gleich. Der Geist, der diese Orte bewohnt, ist übel, unmenschlich, feindselig. Es ist der Geist eines ermüdenden, grausamen, sich ständig beschleunigenden Getriebes. Jeder spürt es im Grunde und wünscht seine Zerstörung.

Die Literatur wird mit allem fertig, passt sich an alles an, wühlt im Abfall, leckt an den Wunden des Unglücks. Eine widersprüchliche Poesie, eine Poesie der Angst und Bedrückung konnte derart inmitten von Supermärkten und Bürogebäuden entstehen. Die moderne Poesie ist nicht fröhlich; sie kann es nicht sein. Die moderne Poesie ist nicht mehr dazu berufen, ein hypothetisches «Heim des Seins» zu errichten, als die moderne Architektur dazu, bewohnbare Orte zu errichten. Das wäre eine Aufgabe, die sich von derjenigen, die Infrastrukturen des Umlaufs und der Verarbeitung von Daten zu vervielfachen, grundlegend unterscheidet. Die Daten, Rückstände des Unbeständigen, sind der Bedeutung entgegengesetzt wie das Plasma dem Kristall. Eine Gesellschaft, die die Stufe der Überhitzung erreicht hat, fällt nicht zwangsläufig in sich zusammen, sondern erweist sich als außerstande, einen Sinn zu produzieren, da ihre gesamte Energie von der informativen Beschreibung ihrer Zufallsvariationen in Anspruch genommen wird. Dennoch ist jedes Individuum in der Lage, in sich selbst eine Art *kalte Revolution* zu verursachen, indem es einen Augenblick die Flut informativer Werbung an sich vorbeiziehen lässt. Das ist sehr leicht zu bewerkstelligen. Es ist sogar noch nie so einfach wie heute gewesen, der Welt gegenüber eine *ästhetische Haltung* einzunehmen: es reicht aus, einen Schritt zur Seite zu treten. Und selbst dieser Schritt ist letztlich überflüssig. Es reicht aus, eine Ruhepause einzulegen, das Radio auszustellen, den Fernseher auszumachen; nichts mehr zu kaufen, nichts mehr kaufen zu wollen. Es reicht aus, nicht mehr mitzumachen, nichts mehr zu wissen, jede geistige Tätigkeit vorübergehend einzustellen. Es reicht im wahrsten Sinne des Wortes aus, für einige Sekunden reglos zu werden.

DIE KUNST ALS ENTHÄUTUNG

Montag, Kunsthochschule Caen. Man hat mich gebeten zu erklären, weshalb mir die Güte wichtiger erscheint als die Intelligenz oder die Begabung. Ich gab mein Bestes, ich hatte Mühe, aber ich weiß, dass es wahr ist. Danach besuchte ich das Atelier von Rachel Poignant, die für ihre Arbeit Abgüsse verschiedener Teile ihres Körpers verwendet. Ich blieb vor langen Riemen stehen, die überzogen waren mit Abgüssen einer ihrer Brustwarzen. (Die rechte? Die linke? Ich weiß nicht mehr.) Ihre gummiartige Konsistenz, ihr Aussehen erinnerten offen gesagt an die Fangarme eines Kraken. Ich habe trotzdem gut geschlafen.

Mittwoch, Kunsthochschule Avignon, «Tag des Misserfolgs», organisiert von Arnaud Labelle-Rojoux. Ich sollte vom sexuellen Misserfolg sprechen. Die Dinge begannen fast fröhlich mit einer Vorführung von Kurzfilmen, die man unter dem Titel *Filme ohne Eigenschaften* zusammengefasst hatte. Die einen waren lustig, die anderen seltsam, manchmal waren sie beides. (Ich glaube, die Kassette läuft in mehreren Kunstzentren, es wäre schade, sie zu verpassen.) Dann sah ich ein Video von Jacques Lizène. Die sexuelle Misere quälte ihn. Sein Glied ragte aus einem Loch hervor, das in eine Sperrholzplatte geschnitten worden war. Es war in eine lose Schlinge gesperrt, die sich mittels eines Bindfadens bedienen ließ. Er zog lange daran, ruckartig, wie an einer weichen Marionette. Mir war sehr unbehaglich zumute. Die Atmosphäre des Verfalls, des traurigen Misslingens, welche der Gegenwartskunst anhaftet, bleibt einem schließlich im Halse stecken. Man bedauert Joseph Beuys mit seinen von Großzügigkeit

zeugenden Arbeiten. Nichtsdestotrotz ist das Zeugnis, das hier über unsere Zeit abgelegt wird, von fast unerträglicher Präzision. Den ganzen Abend dachte ich darüber nach, ohne um folgende Feststellung herumzukommen: Die Gegenwartskunst deprimiert mich zwar, aber mir ist klar, dass sie der bei weitem beste Kommentar jüngeren Datums zur Lage der Dinge ist. Ich träumte von Mülltüten, aus denen Kaffeefilter, Obst- und Gemüseschalen, Fleisch mit Soße quollen. Ich dachte an die Kunst als an eine Enthäutung, an die Fleischstücke, die an der Haut kleben bleiben.
Samstag, literarisches Treffen im Norden der Vendée. Einige «rechtsregionale» Schriftsteller (dass sie rechts sind, erkennt man daran, dass sie, wenn sie von ihrer Herkunft sprechen, auf einen jüdischen Vorfahren in der vierten Generation hinzuweisen pflegen; so kann jeder ihren geistigen Freisinn konstatieren). Ansonsten wie überall ein sehr unterschiedliches Publikum, das keinen anderen Punkt als den des Lesens gemeinsam hat. Diese Leute leben in einer Gegend, in der die Zahl der Grünnuancen ins Unendliche reicht. Ist der Himmel aber vollkommen grau, verblassen diese Grünnuancen alle. Man hat es folglich mit einer blass gewordenen Unendlichkeit zu tun. Ich dachte an den Lauf der Planeten nach dem Ende allen Lebens, in einem immer kälteren, vom allmählichen Erlöschen der Sterne geprägten Universum, und die Worte «menschliche Wärme» brachten mich beinahe zum Weinen.
Sonntag nahm ich den TGV nach Paris. Die Ferien waren zu Ende.

Dieser Text erschien in der Rubrik «Das Spiralheft» der Zeitschrift Les Inrockuptibles *(Nummer 5, 1995).*

GESPRÄCH MIT SABINE AUDRERIE

Nach der Veröffentlichung von Der Sinn des Kampfes *arbeiten Sie an der Umarbeitung Ihres ersten Gedichtbands* Die Fortsetzung des Glücks. *Ist die Poesie ein Genre, das Sie immer mehr bevorzugen?*

Nicht wirklich, ich unternehme gerade den Versuch, einen Roman zu schreiben. Ich habe den Eindruck, dass ich mich in zwei gegensätzliche Richtungen entwickle: in der Prosa in eine immer unerbittlichere und gemeinere, in der Poesie in eine immer leuchtendere und bizarrere. Wenn ich in einer Richtung zu weit gehe, gerate ich sofort in Versuchung, mich in die andere zu stürzen. Es ist ein dynamisches Gleichgewicht, wahrscheinlich noch weniger als eine Synthese. Aber es ist das Beste, was ich im Moment tun kann.

Ist die Poesie nicht dazu ausersehen, unmittelbare Emotionen hervorzurufen, ein Innenleben auszudrücken?

Sie ist vor allem eine geheimnisvollere Sicht der Welt. Die Poesie ruft verborgene, mit anderen Mitteln nicht auszudrückende Dinge wach … und ich bin stets vom Ergebnis überrascht. Manchmal hat es mit der Musikalität zu tun, manchmal nicht. Manchmal ist es einfach eine seltsame, völlig losgelöste Wahrnehmung. Es ist eigenartig, in sich selbst auf unerklärliche Dinge zu stoßen. Ich bin immer mehr davon überzeugt, dass eine Schönheit, die nicht an

Begehren gebunden ist, zwangsläufig etwas Seltsames hat. Man kann sie in einem Roman antreffen, aber das kommt viel seltener vor, man wird vom Treiben des Geschehens und der Gestalten mitgerissen. Ohne dass man dabei mit den Worten spielen würde, kann man wahrscheinlich sagen, dass der aktive Teil in einem Roman auf Poesie beruht.

Kann man den Dichter heute «verdammt» nennen?

Es ist noch schlimmer. Die Poesie ist eine völlig hoffnungslose Tätigkeit. Und das, obwohl viele Menschen im Laufe ihres Lebens das Bedürfnis verspüren, Gedichte zu schreiben. Aber keiner liest sie mehr. Die Idee hat sich breit gemacht, dass Poesie zwangsläufig langweilig ist. Der Bedarf an Poesie wird durch Songs jedoch nur teilweise gestillt.

Fühlen Sie sich zeitgenössischen Dichtern nicht nahe?

Ich habe viele Dichter des letzten Jahrhunderts gelesen, weniger die meines Jahrhunderts. Meine Lieblingsepoche – in der Poesie wie in der Musik – bleibt die erste Zeit der deutschen Romantik. Es ist schwierig, das heute wieder zu finden, unsere Zeit eignet sich nicht für Pathetik und Lyrismus. Ich habe weder etwas gegen diese oder jene Avantgarde, noch bin ich gegen diese oder jene andere, mir ist nur klar, dass ich mich durch die einfache Tatsache hervorhebe, dass ich mich weniger für die Sprache als für die Welt interessiere. Ich bin fasziniert von den bis dato unbekannten Erscheinungen der Welt, in der wir leben, und ich verstehe nicht, wie es den anderen Dichtern gelingt, sich dem zu entziehen: Leben sie denn alle auf dem Land? Jeder geht in den Supermarkt, liest Zeitschriften, jeder hat einen Fernseher, einen Anrufbeantworter ... Es gelingt mir einfach nicht, diesen Aspekt der Dinge hinter mir zu lassen, dieser Realität zu entrinnen. Ich bin schrecklich zugänglich für die Welt, die mich umgibt.

Sie haben den Text Am Leben bleiben, *Ihre «Methode», nur geringfügig verändert.*

Es handelt sich um einen Text, der sehr einem «ersten Wurf» gleicht und schwer zu verändern ist. Außerdem ist es wahr, dass er eine Methode definiert, der ich bis heute treu geblieben bin. Ich weiß, dass *Die Ausweitung der Kampfzone*, mein erster Roman, Überraschung hervorgerufen hat. Jene (sie waren ausgesprochen selten), die *Am Leben bleiben* gelesen hatten, waren wahrscheinlich weniger überrascht als die anderen.

Welche Rolle kann die Literatur in der von Ihnen beschriebenen Welt spielen, die jeden moralischen Sinn verloren hat?

In jedem Fall eine schmerzliche Rolle. Wenn man mit dem Finger die Wunden berührt, verdammt man sich zu einer unsympathischen Rolle. In Anbetracht des von den Medien entwickelten, fast märchenhaften Diskurses fällt es leicht, literarische Qualitäten an den Tag zu legen – indem man die Ironie, die Negativität, den Zynismus ausbaut. Erst wenn man den Zynismus überwinden möchte, wird es schwierig. Wenn es heute jemandem gelingen sollte, einen sowohl ehrlichen als auch positiven Diskurs zu entwickeln, wird er den Lauf der Welt verändern.

Diese Unterhaltung erschien in der Nummer 5 der Zeitschrift Encore *(April 1997).*

GESPRÄCH MIT VALÈRE STARASELSKI

Michel Houellebecq, die Titel Ihrer Werke klingen wie Aufrufe zum Widerstand gegen eine Welt, von der Sie – ein in der Literatur seltener Tatbestand – mit Hilfe eines offensichtlich belanglosen Alltags vor allem in Unternehmen zeigen, dass sie auf einer immer krasseren Mystifizierung aufbaut. Erklärt sich die Durchschlagskraft Ihrer Bücher nicht durch die Tatsache, dass Sie unumwunden ein soziales und politisches Tabu zum Ausdruck bringen?

Meine Romangestalten sind weder reich noch berühmt. Sie sind auch keine Außenseiter, Straftäter oder Ausgeschlossene. Unter ihnen finden sich Sekretärinnen, Techniker, Büroangestellte, Kader. Leute, die mitunter ihre Arbeit verlieren, die mitunter Opfer von Depressionen sind. Also völlig durchschnittliche, vom romanesken Standpunkt aus a priori wenig anziehende Leute. Wahrscheinlich ist es die Präsenz dieses banalen, selten beschriebenen Universums (umso seltener beschrieben, als die Schriftsteller es kaum kennen), das in meinen Büchern überrascht hat – insbesondere in meinem Roman. Vielleicht ist es mir tatsächlich gelungen, bestimmte Gewohnheitslügen zu beschreiben, pathetische Lügen, die sich die Leute erzählen, um ihr unglückliches Leben zu ertragen.

Sie beschreiben eine Welt, die vom Liberalismus ihrer Menschlichkeit entleert wird, und meinen, dass «die zunehmende Auslöschung zwischenmenschlicher Beziehungen nicht ohne einige Probleme für den Roman einhergeht... Wir sind weit von Emily Brontës Sturmhöhe *entfernt, das kann man wohl sagen. Die Form des Romans ist weder für die Schilderung der Gleichgültigkeit geschaffen noch für die der Leere; man müsste eine flachere, genauere und eintönigere Ausdrucksweise erfinden.» Stellt sich die Frage für die Poesie nicht?*

Wir erleben noch immer seltsame Augenblicke von großer Intensität, für die die Poesie ein natürliches und unmittelbares Ausdrucksmittel ist. Typisch modern ist, dass diese Augenblicke sich nur schwer in eine Kontinuität einreihen, die Sinn macht. Das ist etwas, was viele Leute empfinden: Sie leben von Zeit zu Zeit. Nimmt man ihr Leben jedoch insgesamt, hat es weder Richtung noch Sinn. Aus diesem Grund ist es schwierig geworden, einen ehrlichen Roman ohne Klischees zu schreiben, in dem es dennoch eine romaneske Entwicklung gibt. Ich bin mir nicht sicher, eine Lösung gefunden zu haben. Ich habe den Eindruck, dass ein Ansatz darin besteht, dem Romanstoff brutal Theorie und Geschichte zu injizieren.

Die Umwälzungen in den Beziehungen und in der Stellung von Mann und Frau schlagen sich in Ihren Texten nieder. Oft auf schmerzliche Weise. Wozu inspiriert Sie Aragons Vers «die Zukunft des Mannes ist die Frau»?

Was man die «Befreiung der Frau» genannt hat, kam eher den Männern gelegen, die darin die Gelegenheit sahen, ihre sexuellen Begegnungen zu vervielfachen. Darauf folgte die

Auflösung des Paares und der Familie, das heißt, der beiden letzten Gemeinschaften, die das Individuum vom Markt trennten. Auch wenn es sich um eine sehr allgemeine menschliche Katastrophe handelt, glaube ich, dass es die Frauen sind, die am meisten darunter leiden. In traditionellen Verhältnissen entwickelte sich der Mann in einer Welt, die freier und offener war als die der Frau; das heißt auch in einer härteren, wettbewerbsorientierteren, egoistischeren und gewalttätigeren Welt. Die femininen Werte waren gewöhnlich geprägt von Selbstlosigkeit, Liebe, Mitgefühl, Treue und Sanftheit. Auch wenn diese Werte ins Lächerliche gezogen worden sind, muss man deutlich sagen: Es sind Werte einer höheren Kultur, deren völliges Verschwinden eine Tragödie wäre.
In diesem Kontext scheint mir der Vers von Aragon, den Sie anführen, auf einem unglaublichen Optimismus zu beruhen. Die alten Dichter haben jedoch das Recht, Visionäre zu sein, sich in eine Zukunft zu projizieren, deren erste Umrisse noch nicht absehbar sind. In der Geschichte der Menschheit ist es in der Tat möglich, dass das Maskuline nur eine Episode bildet – eine unheilvolle Episode.

Man hat den politischen Parteien, einschließlich der Kommunistischen Partei Frankreichs, vorgeworfen, dass sie einen auf lange Sicht tödlichen Konformismus transportieren, dass sie Gewohnheiten entsprechen, die nicht mehr den vitalen Bedürfnissen der Gesellschaft folgen und dass sie viel zu abgeschlossen leben. Was meinen Sie dazu? Und wie sehen Sie die Beziehungen zwischen Kunst und Politik in der heutigen Gesellschaft, in einer Zeit, in der Künstler, vor allem im Film, für die Kultur bedeutsame

Fragen aufgreifen und nicht zögern, in ihren Werken die Welt in die Hand zu nehmen?

Seit September 1992, als wir den Fehler begangen haben, Maastricht zuzustimmen, hat sich ein neues Gefühl im Lande breit gemacht: das Gefühl, dass die Politiker nichts bewirken können, dass sie keine wirkliche Kontrolle über das Geschehen haben und immer weniger haben werden. Die unerbittliche Zwangsläufigkeit der Wirtschaft lässt Frankreich langsam ins Lager der mittleren bis armen Länder kippen. Was die Öffentlichkeit unter diesen Umständen für die Politiker empfindet, ist natürlich Verachtung. Die Politiker spüren das und verachten sich selber. Wir wohnen einem betrügerischen, ungesunden, unheilvollen Spiel bei. Es ist schwer, sich dessen genau bewusst zu werden. Um auf den zweiten Teil Ihrer Frage zu antworten: Ich glaube, dass es bereits enorm wäre, wenn es der Kunst gelänge, ein halbwegs ehrliches Bild vom gegenwärtigen Chaos zu geben, und dass man nicht mehr von ihr verlangen kann. Wenn man sich in der Lage fühlt, einen sinnvollen Gedanken auszudrücken, ist das gut. Wenn man Zweifel hat, muss man sie ebenfalls mitteilen. Was mich betrifft, habe ich den Eindruck, dass es nur einen einzigen Weg gibt: die Widersprüche, die mich zerreißen, weiterhin kompromisslos zum Ausdruck zu bringen, da sie sich für meine Zeit sehr wahrscheinlich als repräsentativ herausstellen werden.

In Ihren Texten erwähnen Sie mehrmals die Figur von Robespierre, und in einem Gespräch erklären Sie sich zum Anhänger einer kommunistischen Gesellschaft, auch wenn Sie zugeben, dass das mit Persönlichkeiten wie der Ihren nicht sehr gut funktionieren würde. An anderer Stelle, in Ihrem Gedicht Letztes Bollwerk gegen den Liberalismus, *beziehen Sie sich auf die Enzyklika Papst Leos XIII. über die soziale Mission des Evangeliums. Was muss man Ihrer Meinung nach politisch gesehen tun, damit der Mensch ein Mensch bleibt?*

Die Anekdote ist vielleicht apokryph, ich mag sie dennoch sehr: es sei Robespierre gewesen, der darauf bestanden hätte, der Losung der Republik das Wort «Brüderlichkeit» hinzuzufügen. Als habe er in einer plötzlichen Ahnung gespürt, dass Freiheit und Gleichheit zwei miteinander unvereinbare Begriffe sind, dass ein dritter Begriff absolut unerlässlich sein würde. Die gleiche Ahnung hat er auch gegen Ende hin, als er versucht, den Kampf gegen den Atheismus aufzunehmen, den Kult Gottes zu fördern (und das inmitten der Gefahren, der Knappheit, des äußeren und inneren Krieges). Man kann in ihm einen Vorläufer von Auguste Comtes Konzept des Großen Wesens sehen. Noch allgemeiner gesagt, halte ich es für wenig wahrscheinlich, dass eine Kultur lange ohne irgendeine Religion auskommen kann (wobei man präzisieren muss, dass eine Religion atheistisch sein kann, wie zum Beispiel der Buddhismus). Die Aussöhnung der Egoismen durch die Vernunft – der Irrtum des Jahrhunderts der Aufklärung, auf das sich die Liberalen in ihrer unheilbaren Dummheit weiterhin berufen (es sei denn, es handelt sich um Zynismus, was im Übrigen auf das Gleiche hinausliefe), – scheint mir eine auf äußerst wackligen Füßen stehende Basis zu sein. In dem Gespräch, das Sie erwähnen, beschrieb ich mich als «Kommunisten, aber nicht als Marxisten». Der Irrtum des Marxismus bestand im

Glauben, dass es ausreichen würde, die ökonomischen Strukturen zu verändern, der Rest würde dann folgen. Der Rest, das haben wir gesehen, ist nicht gefolgt. Wenn etwa die jungen Russen sich so schnell der widerwärtigen Atmosphäre eines mafiösen Kapitalismus angepasst haben, dann deshalb, weil sich das vorhergehende Regime außerstande gezeigt hat, den Altruismus zu fördern. Es ist ihm nicht gelungen, weil der dialektische Materialismus, der sich auf dieselben philosophischen Prämissen stützt wie der Liberalismus, von seiner Konstruktion her nicht in der Lage ist, zu einer altruistischen Moral zu führen.

Ich persönlich bin allerdings von Grund auf a-religiös, obwohl ich mir der Notwendigkeit einer religiösen Dimension schmerzlich bewusst bin. Das Problem ist, dass sich keine der heutigen Religionen mit dem allgemeinen Erkenntnisstand verträgt. Was wir bräuchten, ist geradezu eine neue Ontologie. Diese Probleme mögen übertrieben intellektuell erscheinen. Ich glaube jedoch, dass sie in zunehmendem Maße außerordentlich konkrete Auswirkungen haben werden. Wenn in dieser Hinsicht nichts passiert, hat die westliche Kultur meiner Meinung nach keine Chance.

Dieses Gespräch erschien am 5. Juli 1996 in L'Humanité.

REISEBERICHT: VOLL IN DIE MITTE TREFFEN

Aus Burma zurückgekehrt, erfahre ich, dass ich einen Fehler begangen habe. Ich hätte nicht in ein Land fahren dürfen, in dem die Dissidenten verfolgt werden, in dem die Meinungsfreiheit verhöhnt wird usw. Die Tatsache, dass ich nicht auf dem Laufenden war, verschlimmert meinen Fall noch: informiert zu sein war immer ein Recht, es scheint, als sei es zu einer *Pflicht* geworden. Schlimmer noch: Trotz eines dreiwöchigen Aufenthalts und zahlreicher Diskussionen mit den Burmesen (ich habe, ganz nebenbei gesagt, noch nie ein so gesprächiges Volk erlebt) war mir nicht bewusst geworden, dass sie unter dem Stiefel einer Militärdiktatur erstickten.

Daher betrachte ich den Brief, in dem mich die französische Botschaft einlädt, in den Vereinigten Staaten eine Reihe von Vorträgen zu halten, diesmal mit einem gewissen Verdacht. Wird man mir als eingefleischtem Antiliberalen vorwerfen, meinen Überzeugungen abzuschwören? Ein kurzes Nachdenken überzeugt mich vom Gegenteil. Ein touristischer Aufenthalt im Reich des freien Unternehmertums wäre natürlich taktlos von mir. Die Tatsache aber, dass man meine Reisekosten übernimmt, dass man mir sogar einige Honorare zahlt, ändert alles: Offensichtlich wünschen mich diese Leute dafür zu bezahlen, dass ich wie gewöhnlich auf das Geld, auf die individuelle Freiheit, auf die Menschenrechte, auf die repräsentative Demokratie und auf raucherfreie Orte spucke. Kurz, sie wünschen, dass ich an *der Debatte teilnehme*. Zudem dürfte mein äußerst mittelmäßiges

Englisch eine indirekte Ermutigung zum Erlernen der französischen Sprache darstellen; folglich wäre eine Absage von mir eine Feigheit. Um mir die letzten Skrupel zu nehmen, beschließe ich, den Monat darauf nach Kuba in Urlaub zu fahren. So werden die von den amerikanischen Universitäten ausgegebenen Dollar fast sofort dazu dienen, Fidel Castros Kassen zu füllen.

Nachdem ich die moralische Seite des Problems geregelt habe, mache ich mich an die administrative. Es stellt sich heraus, dass die Dinge dort von vornherein weniger einfach liegen. Damit ich in USA bezahlt werden kann, müssen mir die einladenden Universitäten das Formular IAP66 zuschicken, das Vorspiel zur Beschaffung des Visums J1. Da sich die amerikanische Post in einem fortgeschrittenen Zustand der Auflösung befindet, hält es die Rice University in Houston für sicherer, sich an Jet Express Worldwide, einen privaten Kurierdienst, zu wenden. Ein schwer wiegender Fehler. Im Gegensatz zu den Briefträgern, die das Jahr damit verbringen, das Viertel langsam und bis in die kleinsten Ecken abzulaufen, rauschen die Kuriere auf ihren Motorrollern in einer sehr «tight-flow»-mäßigen Atmosphäre umher. Keinem von ihnen ist es bisher gelungen, mein Haus zu finden. In der Regel kommen die Dinge nach mehreren Anrufen beim dritten Anlauf ins Lot. Wenn die Sendung eigenhändig übergeben werden muss, wird es komplizierter. Das System der Einschreiben stützt sich auf eine äußerst dichte Infrastruktur von «Postämtern», die über ausgedehnte Öffnungszeiten verfügen (in der Woche im Allgemeinen von 8 bis 19 Uhr). Jet Express Worldwide kann seinen zur Schau gestellten weltweiten Ambitionen zum Trotz offensichtlich kein vergleichbares Netz aufweisen …

Das Formular IAP66 kam schließlich doch noch bei mir an. Tatsächlich sind es die zur Beschaffung des Arbeitsvisums J1 notwendigen Formalitäten, bei denen man zum ersten Mal mit dem amerikanischen Traum in Berührung gerät. Die zuständige Abteilung der Botschaft verfügt über kein Telefon, mit Ausnahme einer automatischen Ansage (8, 93 F pro Anruf +2,23 F pro Minute), die interessante Auskünfte über die Demokratie erteilt, aber bestimmte Details wie etwa die Öffnungszeiten (8 Uhr 30 bis 11 Uhr) auslässt. Nach einem ersten vergeblichen Gang und einer Stunde Wartezeit draußen im eiskalten Regen wird mir endlich gestattet, einen merkwürdigen Fragebogen auszufüllen. Ich habe weder an einem Genozid noch an Verbrechen gegen die Menschheit teilgenommen. Ich gehöre weder einer terroristischen Organisation an, noch erwäge ich, den Präsidenten der Vereinigten Staaten zu ermorden. In dieser Hinsicht ist also alles im Lot.

Einem Europäer erscheinen die Beamten der Visaabteilung der amerikanischen Botschaft womöglich unnötig gewalttätig, aggressiv und vulgär. In Wirklichkeit muss man ihr Gebaren als erste Gelegenheit in einem Lernprozess von Verhaltensformen ansehen, die sich vor Ort als permanent nützlich erweisen (und Ihnen im Falle einer Verhaftung durch texanische Polizisten sogar das Leben retten können). Vermeiden Sie, den Leuten in die Augen zu sehen. Lächeln Sie nicht ironisch, machen Sie vor allem keine jähen Gesten. Vergessen Sie nie, dass sich in den Vereinigten Staaten jeder zwischenmenschliche Kontakt zunächst in einem Kräfteringen äußert. Wenn ein Amerikaner, mit dem Sie in Kontakt treten, im Allgemeinen damit beginnt, Sie anzugreifen, dann deshalb, weil er herausfinden möchte, «was

Sie in der Hose haben». Zögern Sie also nicht, gegebenenfalls Ihre höhere soziale Stellung auszuspielen (so zögerte der Angestellte des französischen Konsulats in Houston nicht, mich *Professor Houellebecq* zu nennen, um vom Telefonisten des Holiday Inn das seit zwei Wochen reservierte Zimmer zu erhalten).

Bei meiner Ankunft in Roissy erfahre ich, dass Air France (völlig illegal) das *Overbooking* betreibt. Tritt der Fall ein, dass alle Passagiere vorstellig werden, versucht man, sie in einem anderen Flugzeug unterzubringen und gibt ihnen tausend Franc, um die Affäre zu vertuschen. Die Konkurrenz ist rüde im Nordatlantik.
Das Flugzeug der Continental Airlines ist überfüllt, die Stewardessen sind merkwürdig alt. Ich gebe meinen Kuchen der Nachbarin auf meiner linken Seite, einer Afrikanerin aus dem Togo, die mit Nouvelles Frontières reist. Bei der Ankunft in Newark ist der Himmel bewölkt und turbulent. Sie beginnt sich zu übergeben. Es ist 15 Uhr 30. Normalerweise hätte ich zwei Stunden früher auf einem anderen, viel näher am Stadtzentrum gelegenen Flughafen ankommen sollen. Im Gegensatz zu seinem förmlichen Versprechen hat der Angestellte von Air France nicht bei der Botschaft angerufen. Es erwartet mich folglich niemand. Es ist jetzt vierzehn Stunden her, dass ich eine Raucherzone durchquert habe. In meinen Mundwinkeln bildet sich ein wenig Geifer. Auf dem Flughafen von Newark überfällt mich ein stilles Lachen.

Die Order meiner Mission, die mir vom Außenministerium übergeben wurde, ist deutlich. Ihr vollständiger Text lautet:

«Monsieur Houellebecq, Schriftsteller, nicht im öffentlichen Dienst (Gruppe I; Richtzahl) wird die Erlaubnis erteilt, sich von Paris aus nach New York, Hartford, Philadelphia und Houston und wieder zurück nach Paris (administrativer Wohnsitz: Paris; Familienwohnsitz: Paris) zu begeben.»

Für Kalifornien musste ich mich folglich mit Berichten von Zeugen zufrieden geben. Es hat den Anschein, als sei Bret Easton Ellis' Beschreibung der kalifornischen Jugend in *Unter Null* recht genau: Sex, Sonnenbäder, Muskeltraining, Videos, Kokain, Langeweile; keine Politik, keine Zigaretten, keine Bücher. In seinem zweiten Roman *Die Anziehungskraft* beschreibt Ellis einen Campus der Ostküste als eine gigantische Arena der Fickerei, gefüllt mit jungen Arschlöchern voller Zaster, deren intellektuelles und moralisches Niveau erschreckend niedrig ist. Auch die diskreten Umfragen, die ich an der (alteingesessenen, angesehenen, teuren, zur Ivy League gehörenden) University of Pennsylvania durchführen konnte, haben dieses Porträt nicht wirklich ungültig gemacht; aber letztlich hatte ich nur in New York Zeit, mich selber zu erkundigen. Mühelos fand ich all jene Marken wieder, die in *American Psycho* unablässig angeführt werden, bei uns jedoch nur wenig bekannt sind: Ermenegildo Zegna, Oliver Peoples, Hugo Boss ... selbst Armani und Calvin Klein sind in Europa weniger präsent. Dagegen hat es keinen Sinn, in die Vereinigten Staaten zu fahren, um von dort ein Paar Nikes mit zurückzubringen: die Sportmarken sind die einzigen, die wirklich eine weltweite Strategie besitzen.

Den *Yuppie spielen* kann man in Manhattan besser als anderswo: Man mietet eine Limousine für den Abend, versucht in einem Restaurant zu reservieren, das gerade in ist; man wird von einer vollbusigen Schlampe, die ihren Kellnerjob offensichtlich *einzig in der Absicht* angenommen hat, sich von einem Produzenten aufgabeln zu lassen, schlimmer als der letzte Dreck behandelt; man verspürt eine wirkliche Erleichterung bei dem Gedanken, dass man sie stundenlang *misshandeln* könnte; man spürt schließlich all das, was einen von einem *wirklichen* Star trennt (die Begegnung mit Tom Cruise im Fahrstuhl oder die Demütigung des Erzählers durch seinen jungen «Rock and roll»-Bruder im Dorcia bleiben für mich die besten Passagen des Buches).

Diese Reise in die USA hatte zum Ziel, Vorträge, vielleicht auch Vorlesungen an verschiedenen amerikanischen Universitäten zu halten. Also von mir zu sprechen, möglicherweise auch von der Situation in Frankreich. In keinem Fall aber, bis dahin unbekannte ethnographische Betrachtungen über die örtliche Realität anzustellen. Zum Glück, denn ich hätte nichts zu sagen gewusst, was nicht schon bei Bret Easton Ellis steht. Zwischen dem kalifornischen Jugendlichen, «dessen Vater beim Film arbeitet», und dem Yuppie aus New York fehlen mehrere Jahre: *Die Anziehungskraft*, das von den drei Titeln am wenigsten gelesene, hat diese Lücke geschlossen. All das ist unglaublich zutreffend. Es stimmt zwar (man hat es ihm vorwerfen können), dass sich Ellis darauf beschränkt, junge und äußerst reiche Figuren zu beschreiben; aber *alle* Amerikaner versuchen, jung zu bleiben, *alle* Amerikaner streben danach, reich zu werden. Das Ambiente des alles beherrschenden Tribalismus (wahrscheinlich der Ausgleich für eine extreme individuelle Einsamkeit) darf nicht über die erdrückende Gleichförmigkeit der Werte hinwegtäuschen. Mehr noch als anderswo scheint es in den Vereinigten Staaten besonders angebracht, sich für die Sieger zu interessieren.

Ich persönlich ziehe Figuren «im mittleren Alter» vor, ich habe mich nie für Reiche interessiert (und tue es noch immer nicht), für Arme, Politiker, Straftäter oder Künstler (mit Ausnahme des *gescheiterten Künstlers*, ein besonderer Fall, der mir emblematisch erscheint: Wir sind alle ein wenig gescheitert, wir sind alle ein wenig Künstler). Was die soziale Beschreibung angeht, so beschreibe ich ganz entschieden die *Mittelklasse*; aber es ist möglich, dass dieses sozialdemokratische Konzept in einer rein liberalen Zone keinen Sinn hat. Mitten auf dem Flughafen von Houston, kurz vor meinem Rückflug nach Europa, wird mir bewusst, dass jenseits der Schwierigkeiten bei ihrer Umsetzung diese beiden Strategien wahrscheinlich das gleiche Ziel verfolgen: voll in die Mitte zu treffen.

TOTE ZEITEN

Diese Chroniken erschienen in den Nummern 90 bis 98 der Zeitschrift Les Inrockuptibles *(Februar–März 1997). Die Titel stammen von Sylvain Bourmeau.*

Was suchst du hier?

«Nach dem phänomenalen Erfolg der ersten Veranstaltung» findet auf dem Ausstellungsgelände an der Porte Champerret die zweite Messe für *hot* Videos statt. Ich bin kaum am Vorplatz angelangt, als mir eine junge Frau, von der ich alles andere vergessen habe, ein Flugblatt überreicht. Ich versuche, mit ihr ins Gespräch zu kommen, aber sie ist bereits zu einer kleinen Gruppe von Militanten zurückgekehrt, die, jeder einen Stapel Flugblätter in der Hand, von einem Fuß auf den andern treten, um sich aufzuwärmen. Eine Frage steht quer auf dem Blatt, das sie mir überreicht hat: «Was suchst du hier?» Ich gehe auf den Eingang zu. Das Ausstellungsgelände befindet sich im Untergeschoss. Zwei Rolltreppen surren mitten in einem riesigen Raum. Männer kommen allein oder in kleinen Gruppen herein. Der Ort erinnert mehr an einen Darty als an einen unterirdischen Tempel der Unzucht. Ich steige einige Stufen hinab, lese dann einen Katalog auf, den jemand liegen gelassen hat. Er wurde herausgegeben von Cargo VPC, ein Unternehmen, das sich auf den Katalogversand von Porno-Videos spezialisiert hat. Ja, was suche ich hier?

In die Metrostation zurückgekehrt, beginne ich mit der Lektüre des Flugblatts. Unter dem Titel «Die Pornographie verdirbt dir den Kopf», entwickelt es folgende Argumentation: Bei allen sexuellen Straftätern, Vergewaltigern, Pädophilen usw. wurden zahlreiche pornographische Kassetten gefunden. Das wiederholte Betrachten pornographischer Kassetten verursache «allen Studien zufolge», dass sich die Grenzen zwischen Phantasma und Realität verwischten und damit der Übergang zur Tat erleichtert werde, während die «herkömmlichen sexuellen» Praktiken zugleich jeden Reiz verlören.

«Was meinen Sie?», höre ich die Frage, noch bevor ich meinen Gesprächspartner sehe. Jung, kurzes Haar, anscheinend intelligent und ein wenig ängstlich steht er vor mir. Die Metro fährt ein, was mir die Zeit lässt, mich von meiner Überraschung zu erholen. Jahrelang bin ich durch die Straßen gelaufen und habe mich gefragt, ob der Tag kommen würde, an dem mich jemand ansprechen würde – aus einem anderen Grund, als mich um Geld zu bitten. Man hält es nicht für möglich, aber der Tag ist gekommen. Dafür hat es die zweite Messe für *hot* Videos gebraucht.

Entgegen meiner Vermutung handelt es sich nicht um einen Anti-Porno-Militanten. In Wirklichkeit komme er von der Messe. Er sei hineingegangen. Und was er gesehen habe, habe ihn eher unbehaglich gestimmt. «Nur Männer … in ihrem Blick lag etwas Gewalttätiges.» Ich wende ein, dass Lust die Gesichtszüge oft in eine angespannte, ja Gewalt ausstrahlende Maske verwandle. Aber nein, er wüsste das, nicht von der Gewalt der Lust wolle er sprechen, sondern von einer *wirklich gewalttätigen Gewalt.* «Ich war von Männergruppen umgeben (die Erinnerung daran scheint ihn leicht zu bedrücken) … viele Kassetten mit Vergewaltigungen, Folterszenen … sie waren erregt, ihr Blick, die Atmosphäre … Es war …» Ich höre ihm zu, ich warte. «Ich habe das Gefühl, dass das ein übles Ende nehmen wird», schließt er jäh, bevor er an der Station Opéra aussteigt.

Einige Zeit später stoße ich bei mir erneut auf den Katalog der Cargo VPC. Das Drehbuch von *Analo-Kids* verspricht uns «Frankfurter Würstchen im kleinen Loch, das Geschlecht voller Ravioli, Ficken in Tomatensoße». Das der *Brüder Ejac n⁰ 6* setzt «Rocco, den Arschaufreißer» in Szene: «Sei es eine rasierte Blonde oder eine feuchte Brünette, Rocco verwandelt das Rektum in einen Vulkan, um seine kochende Lava auszuspeien.» Das Resümee von *Vergewaltigte Schlampen n⁰ 2* schließlich verdient, in vollem Wortlaut wiedergegeben zu werden: «Fünf herrliche Schlampen werden von Sadisten angegriffen, sodomisiert, vergewaltigt. Sie können noch so zappeln und ihre Krallen ausfahren, am Ende sind sie grün und blau geschlagen, in menschliche Samenpumpen verwandelt.» In diesem Stil geht es sechzig Seiten weiter. Ich gebe zu, dass ich darauf nicht gefasst war. Zum ersten Mal in meinem Leben beginne ich, für die amerikanischen Feministinnen vage Sympathie zu empfinden. Natürlich hatte ich gehört, dass seit einigen Jahren eine *Trash*-Mode aufgekommen war, was ich gedankenlos auf die Erschließung eines neuen Marktsegments geschoben hatte. Von wegen Markt, dummes Zeug, sagt mir gleich am nächsten Tag meine Freundin Angèle, Verfasserin einer Dissertation über das mimetische Verhalten der Reptilien. Das Phänomen sitze viel tiefer. «Um sich in seiner Männlichkeit zu bestätigen», legt sie fröhlich los, «begnügt sich der Mann nicht mehr mit der einfachen Penetration. Er fühlt sich in Wirklichkeit ständig bewertet, beurteilt, mit anderen Männern verglichen. Um dieses Unbehagen zu verjagen, um Lust verspüren zu können, muss er seine Partnerin heutzutage schlagen, erniedrigen, demütigen; er muss spüren, dass sie ihm völlig ausgeliefert ist. Man beginnt übrigens, dieses Phänomen auch bei Frauen zu beobachten», schließt sie lächelnd.

«Wir sind also verloren», sage ich nach einer Weile. Ja, ihr zufolge seien wir das. Ja, wahrscheinlich.

Der Deutsche

Das Leben eines Deutschen spielt sich wie folgt ab: In seiner Jugend, in seinem reifen Alter *arbeitet* der Deutsche (im Allgemeinen in Deutschland). Manchmal ist er arbeitslos, seltener jedoch als der Franzose. Wie dem auch sei, die Jahre gehen vorbei, und der Deutsche erreicht das Rentenalter. Von nun an kann er seinen Wohnsitz auswählen. Lässt er sich dann auf einem Bauernhof in Schwaben nieder? In einem Haus in den Wohnvierteln von Münchens Vororten? Es kommt vor, in Wirklichkeit aber immer seltener. Im fünfundfünfzig bis sechzig Jahre alten Deutschen vollzieht sich eine tief greifende Veränderung. Wie der Storch im Winter, wie der Hippie aus früheren Zeiten, wie der israelische Anhänger der *goa trance* fährt der sechzigjährige Deutsche *in den Süden*. Man findet ihn in Spanien, oft an der Küste zwischen Cartagena und Valencia. Einige Vertreter der Spezies – in der Regel aus einer wohlhabenderen soziokulturellen Schicht – wurden von den Kanarischen Inseln oder Madeira gemeldet.

Diese tief greifende, existentielle, endgültige Veränderung

überrascht die Umgebung wenig. Sie wurde durch zahlreiche Ferienaufenthalte, durch den Kauf einer Wohnung fast unvermeidlich darauf vorbereitet. So lebt der Deutsche, er profitiert von seinen letzten schönen Jahren. Dieses Phänomen fiel mir zum ersten Mal im November 1992 auf. Als ich mit dem Auto nördlich von Alicante ein wenig umherfuhr, hatte ich die seltsame Idee, in einer winzigen Stadt anzuhalten, die man in einem Analogon auch Dorf nennen könnte. Das Meer lag in unmittelbarer Nähe. Dieses Dorf trug keinen Namen; wahrscheinlich hatte man keine Zeit gehabt, ihm einen zu geben – es war offensichtlich, dass kein Haus vor 1980 gebaut worden war. Es war ungefähr siebzehn Uhr. Als ich durch die ausgestorbenen Straßen ging, beobachtete ich zunächst ein seltsames Phänomen: Die Schilder der Geschäfte und Cafés, die Speisekarten der Restaurants, alles war auf Deutsch verfasst. Ich kaufte einige Sachen ein und stellte fest, dass der Ort sich zu beleben begann. Eine immer dichtere Menschenmenge drängte sich durch die Straßen, über die Plätze, über den Strand ... Sie schien angetrieben von einem lebhaften Hunger nach Konsum. Hausfrauen traten aus ihren Häusern. Männer mit Bärten begrüßten sich warmherzig und schienen die Einzelheiten des Abends zu besprechen. Die zunächst verblüffende Homogenität dieser Bevölkerung wurde allmählich beklemmend, und gegen neunzehn Uhr musste ich mir eingestehen: DIE STADT WAR AUSSCHLIESSLICH VON DEUTSCHEN RENTNERN BEWOHNT.

Strukturell gesehen, evoziert das Leben des Deutschen also fast das Leben eines Gastarbeiters. Das heißt, es gibt ein Land A und ein Land B. Das Land A wird als Arbeitsland angesehen. In ihm ist alles funktional, langweilig und unzweideutig. Im Land B verbringt man seine Freizeit, seinen Urlaub, seinen Ruhestand. Man bedauert, es zu verlassen, man wünscht sich sehnlichst, in es zurückzukehren. Im Land B schließt man die wirklichen, die engen Freundschaften. Im Land B kauft man eine Wohnung, die man seinen Kindern vermachen möchte. Das Land B liegt in der Regel weiter im Süden.

Kann man daraus schließen, dass Deutschland eine Gegend in der Welt geworden ist, in der der Deutsche nicht mehr wohnen möchte und der er entflieht, sobald er kann? Ich glaube, man kann. Seine Meinung über sein Geburtsland gleicht folglich der des Türken. Es gibt keinen wirklichen Unterschied. Nur wenige Details müssen noch angeglichen werden.

Im Allgemeinen ist der Deutsche mit einer *Familie* ausgestattet, die sich aus ein oder zwei Kindern zusammensetzt. Diese Kinder *arbeiten* wie ihre Eltern, als diese im gleichen Alter waren. Hier bietet sich dem Rentner die Gelegenheit zu einer winzigen, sehr saisonbedingten – da in den Feiertagen zwischen Weihnachten und Neujahr stattfindenden – Völkerwanderung *(ACHTUNG: Das nachstehend beschriebene Phänomen lässt sich beim wirklichen Gastarbeiter nicht beobachten. Die Details stammen von Bertrand, Kellner in der Brasserie* La Méditerrannée *in Narbonne.).*

Die Strecke ist lang zwischen Cartagena und Wuppertal, selbst in einem motorstarken Wagen. Bricht die Nacht herein, verspürt der Deutsche folglich nicht selten die Notwendigkeit einer Rast. Die mit modernen Hotelkomplexen ausgestattete Region Languedoc–Roussillon bietet eine zufrieden stellende Lösung. An dieser Stelle ist das Schlimmste getan – das französische Autobahnnetz bleibt, was immer man behaupten mag, dem spanischen überlegen. Nach der Mahlzeit (Austern aus Bouzigues, kleine Tintenfische auf provenzalische Art, kleine Bouillabaisse für zwei Personen in der Saison), schüttet der Deutsche sein Herz aus. Er spricht dann von seiner Tochter, die in einer Kunstgalerie in Düsseldorf arbeitet, von seinem Schwiegersohn, der Informatiker ist, von Beziehungsproblemen und möglichen Lösungen. Er spricht.

«Wer reitet so spät durch Nacht und Wind?
Es ist der Vater mit seinem Kind.»

Was der Deutsche zu dieser Stunde und an dieser Stelle sagt, hat keine große Bedeutung mehr. Er befindet sich nur auf der Durchreise und kann seinen scharfsinnigen Gedanken freien Lauf lassen. Und scharfsinnige Gedanken hat er.
Später schläft er – wahrscheinlich das Beste, was er tun kann.

Das war unsere Rubrik: «Die Währungsparität Franc–Mark, das deutsche Wirtschaftsmodell». Ich wünsche allen eine gute Nacht.

Die Herabsetzung des Rentenalters

Früher waren wir Betreuer in Urlaubsdörfern. Wir wurden dafür bezahlt, die Leute zu unterhalten, beziehungsweise für den Versuch, sie zu unterhalten. Später, als wir geheiratet hatten (meist, nachdem wir uns hatten scheiden lassen), kehrten wir – diesmal als Kunden – in die Urlaubsdörfer zurück. Junge Leute, andere junge Leute versuchten uns zu unterhalten. Was uns betraf, so versuchten wir, sexuelle Beziehungen zu bestimmten Mitgliedern des Urlaubsdorfes (manchmal Ex-Betreuern, manchmal nicht) aufzunehmen. Manchmal gelang uns das, meist aber scheiterten wir. Wir haben uns nicht sehr amüsiert. Heutzutage, schlussfolgert der Ex-Betreuer eines Urlaubsdorfes, hat unser Leben wirklich keinen Sinn mehr.

Das 1995 erbaute *Holiday Inn Resort* in Safaga am Ufer des Roten Meeres bietet 327 Zimmer und sechs geräumige, angenehme Suiten. Zur Ausstattung zählen unter anderem der Empfangsraum, der *Coffee-shop*, das Restaurant, das Strandrestaurant, die Disco und die Veranstaltungsterrasse. Das Einkaufszentrum umfasst verschiedene Geschäfte, eine Bank, einen Friseur. Ein sympathisches französisch-italienisches Team stellt die Betreuung sicher (Tanzabende, diverse Spiele). Kurz – und um den Ausdruck des Reiseveranstalters zu verwenden –, man hat es mit einem «sehr schönen Komplex» zu tun.

Die Herabsetzung des Rentenalters auf fünfundfünfzig Jahre, setzte der Ex-Betreuer von Urlaubsdörfern fort, ist eine von der Tourismusbranche wohlwollend aufgenommene Maßnahme. Es ist schwierig, einen Komplex dieser Größe auf der Grundlage einer kurzen und unzusammenhängenden Saison, die sich im Wesentlichen auf die Sommermonate – und in geringerem Umfang auf die Winterferien – begrenzt, rentabel zu machen. Die Lösung besteht selbstverständlich in der Bereitstellung von Charterflügen für junge, von Sondertarifen profitierende Rentner, die es ermöglichen, das Auf und Ab der Menschenströme miteinander in Einklang zu bringen. Nach dem Tod seines Part-

ners befindet sich der Rentner ein wenig in der Situation des Kindes: Er reist in der Gruppe, er muss Gefährten finden. Während die Jungen jedoch mit Jungen spielen und die Mädchen mit Mädchen schwatzen, finden die Rentner gern ohne Rücksicht auf ihr Geschlecht zusammen. Man stellt fest, dass ihre Anspielungen und Hintergedanken mit sexuellem Charakter in Wirklichkeit sogar zunehmen. Ihre verbale Schlüpfrigkeit ist streng genommen verblüffend. Wie schmerzlich die Sexualität für den Moment auch sein mag, man kommt nicht um die Feststellung herum, dass sie etwas zu sein scheint, was man später bedauert, ein Thema, zu dem man gern nostalgische Variationen erfindet. So schließt man Freundschaften, zu zweit oder zu dritt. Zusammen entdeckt man die Wechselkurse, plant einen Ausflug im Jeep. Die ein wenig in sich zusammengefallenen, kurzhaarigen Rentner ähneln je nach eigener Persönlichkeit griesgrämigen oder netten Gnomen. Ihre Robustheit ist oft erstaunlich, schlussfolgert der Ex-Betreuer.
«Ich sage jedem, welcher Religion er angehört, und alle Religionen sind zu respektieren», mischte sich ohne wirklichen Zusammenhang der Verantwortliche für das Muskeltraining ein. Der von dieser Unterbrechung beleidigte Ex-Betreuer flüchtete sich in ein bekümmertes Schweigen. Mit zweiundfünfzig Jahren war er am Ende dieses Monats Januar einer der jüngsten Kunden. Außerdem war er nicht im Ruhestand, sondern im vorzeitigen Ruhestand oder in der Umschulung, irgendetwas in der Art. Nachdem er allen von seiner beruflichen Vergangenheit in der Tourismusbranche erzählt hatte, war es ihm gelungen, sich beim Betreuerteam Ansehen zu verschaffen. «Ich habe die Eröffnung des ersten Club Med in Senegal mitgemacht», pflegte er in Erinnerung

zu rufen. Dann summte er vor sich hin, einen Tanzschritt andeutend: «Ich geh mich amüsieren in See-nee-ga-l/Mit Freundin und Riva-l.» Kurz, der Kerl war schwer in Ordnung. Ich war jedoch überhaupt nicht überrascht, als man am folgenden Morgen seinen Leichnam fand, der im lagunenförmigen Swimmingpool auf und ab trieb.

Calais, Pas-de-Calais

Wie ich sehe, ist jeder erwacht[1], so nutze ich den Augenblick, um auf eine kleine Petition hinzuweisen, die meiner Meinung nach von den Medien nicht ausreichend verbreitet wurde: Die Petition von Robert Hue und Jean-Pierre Chevènement, in der sie die Durchführung eines Referendums über die Einheitswährung verlangen. Es stimmt zwar, dass die Kommunistische Partei nicht mehr das ist, was sie einmal war, und dass Jean-Pierre Chevènement, wenn überhaupt, nur sich selbst vertritt. Das tut der Tatsache jedoch keinen Abbruch, dass sie sich einem Wunsch der Mehrheit anschließen und dass Jacques Chirac dieses Referendum versprochen hatte. Was ihn zum gegenwärtigen Zeitpunkt technisch gesehen zu einem Lügner macht.
Ich habe nicht den Eindruck, eine außergewöhnliche analytische Finesse an den Tag zu legen, wenn ich diagnostiziere,

[1] *Anspielung an das «Erwachen der Bürger», Titelseite der vorhergehenden Ausgabe der* Inrockuptibles *(in Bezug auf die Affäre der «sans-papiers», der illegalen Einwanderer, die die Legalisierung ihres Aufenthalts in Frankreich forderten).*

dass wir in einem Land leben, dessen Bevölkerung verarmt, und dass diese das Gefühl hat, dass sie immer mehr verarmt, und darüber hinaus davon überzeugt ist, dass alles Unheil vom internationalen ökonomischen Wettbewerb herrührt (einzig deswegen, weil sie den «internationalen ökonomischen Wettbewerb» gerade verliert). Noch vor wenigen Jahren war Europa den meisten egal. Es handelte sich um ein Projekt, das weder den geringsten Widerspruch noch die geringste Begeisterung auslöste. Heute ist offenbar geworden, dass es, sagen wir, bestimmte Nachteile hat, und man hat eher das Gefühl, dass es auf zunehmende Ablehnung stößt. Ich erinnere daran, dass das 1992 abgehaltene Referendum über Maastricht beinahe nicht stattgefunden hätte (die historische Siegespalme der Verachtung gebührt zweifellos Valéry Giscard d'Estaing, der der Meinung war, das Vorhaben sei «zu komplex, um einer Abstimmung unterzogen zu werden»), und dass es, nachdem man sich seine Durchführung abgerungen hatte, beinahe mit einem NEIN geendet hätte, während die gesamte politische Klasse und die verantwortlichen Medien dazu aufgerufen hatten, mit JA zu stimmen.

Diese tief verankerte und beinahe unglaubliche Hartnäckigkeit der politischen «Regierungsparteien», mit einem Projekt fortzufahren, das niemanden interessiert und das die meisten sogar anzuekeln beginnt, kann an sich schon zahlreiche Dinge erklären. Ich persönlich habe Mühe, die erwünschte Emotion zu empfinden, wenn man mir von unseren «demokratischen Werten» erzählt. Meine erste Reaktion besteht eher darin, laut aufzulachen. Wenn man mich auffordert, zwischen Chirac und Jospin (!) zu wählen, und sich weigert, mich in Sachen Einheitswährung nach meiner

Meinung zu fragen, dann bin ich mir einer Sache sicher, nämlich der, dass wir uns nicht in einer Demokratie befinden. Nun gut, die Demokratie ist vielleicht nicht die beste der Regierungsformen, sie öffnet, wie man so schön sagt, «gefährlichen populistischen Verirrungen» Tür und Tor. Wenn dem so ist, würde ich es allerdings vorziehen, dass man uns klipp und klar sagt: Über die wichtigen Kursrichtungen wurde seit langem entschieden, sie sind weise und richtig, Sie können sie gar nicht richtig verstehen. Es besteht jedoch für Sie die Möglichkeit, der zukünftigen Regierung in der Zusammensetzung – je nach Sensibilität – diese oder jene politische Färbung zu geben.
Dem *Figaro* vom 25. Februar entnehme ich interessante Statistiken, die das Département Pas-de-Calais betreffen. 40 Prozent der Bevölkerung lebt unter der Armutsschwelle (Zahlen des statistischen Nationalamts). Sechs von zehn Haushalten entrichten keine Einkommensteuer. Wider Erwarten erzielt der Front National nur mittelmäßige Ergebnisse, die ausländische Bevölkerung nimmt allerdings ständig ab (während die Geburtenzahlen deutlich über dem Landesdurchschnitt liegen). Der Abgeordnete und Bürgermeister von Calais ist ein Kommunist, der die interessante Besonderheit aufweist, als Einziger gegen den Verzicht auf die Diktatur des Proletariats gestimmt zu haben.
Calais ist eine beeindruckende Stadt. Gewöhnlich gibt es in einer Provinzstadt dieser Größe ein historisches Zentrum, Fußgängerzonen, die sich am Samstagnachmittag beleben, usw. In Calais findet man nichts von alldem. Die Stadt wurde während des Zweiten Weltkriegs zu 95 Prozent zerstört. Und in den Straßen ist am Samstagnachmittag niemand zu sehen. Man läuft an verlassenen Gebäuden, an rie-

sigen leeren Parkplätzen entlang (es handelt sich mit Sicherheit um die Stadt in Frankreich, in der das Parken am leichtesten ist). Der Samstagabend ist etwas fröhlicher, diese Fröhlichkeit jedoch speziell. Fast jeder ist betrunken. Im Kneipenviertel befindet sich ein Kasino mit Reihen von Geldmaschinen, an denen die Bewohner von Calais ihr Mindestgehalt verjubeln. Der Ort, an dem man am Sonntagnachmittag spazieren geht, ist der Eingang zum Tunnel unter dem Ärmelkanal. Hinter den Zäunen sehen die Leute – meist mit Familie, mitunter mit Kinderwagen – den Eurostar vorbeifahren. Mit der Hand geben sie dem Zugführer ein Zeichen, der ihnen hupend antwortet, bevor das Meer ihn verschluckt.

Großstadtkomödie

Die Frau sprach davon, sich zu erhängen; der Mann trug bequeme Kleidung. In Wirklichkeit erhängen sich Frauen nur selten. Sie halten Schlafmitteln die Treue. «Topniveau»: Es war Topniveau. «Man muss sich verändern»: warum? Zwischen uns verloren die Kissen der Sitzbank ihre Eingeweide. Das Paar stieg in Maisons-Alfort aus. Neben mich setzte sich ein ungefähr siebenundzwanzig Jahre alter «Künstler». Er war mir von vornherein unsympathisch (vielleicht sein Kadogan oder sein kleiner schräger Bart; vielleicht auch eine vage Ähnlichkeit mit Maupassant). Er faltete einen Brief von mehreren Seiten auseinander und begann mit seiner Lektüre. Der Zug näherte sich der Station Liberté. Der Brief war auf Englisch geschrieben. Wahrscheinlich war er von einer Schwedin an ihn gerichtet worden. (Ich überprüfte es noch am selben Abend in meinem illustrierten Larousse. Uppsala befindet sich in der Tat in Schweden, die Stadt zählt einhundertdreiundfünfzigtausend Einwohner und eine alteingesessene Universität. Viel mehr scheint es zu ihr nicht zu sagen zu geben.) Der Künstler las langsam, sein Englisch war mittelmäßig, ich hatte keine Mühe, die Einzelheiten der Geschichte zu rekonstruieren (mir wurde flüchtig klar, dass mein Anstandsgefühl daran Anstoß nahm, aber schließlich ist die Metro ein öffentlicher Raum, oder etwa nicht?). Offensichtlich hatten sie sich im letzten Winter in Chamrousse kennen gelernt (was für eine Idee auch, eine Schwedin, die in den Alpen Ski fährt!?). Diese Begegnung hätte ihr Leben verändert. Sie dächte nur noch an ihn und versuche übrigens gar nicht, etwas anderes zu tun (an dieser Stelle grinste er unerträglich eitel, machte es sich auf dem Sitz noch bequemer, strich sich über den Bart). Man spürte in ihren Worten, dass sie Angst zu haben begann. Sie wäre zu allem bereit, um ihn wieder zu sehen, sie zöge in Betracht, eine Arbeit in Frankreich zu suchen, jemand könne sie vielleicht beherbergen, es gäbe Möglichkeiten als Au-pair-Mädchen. Mein Nachbar zog verärgert die Augenbrauen hoch. Er sah sie in der Tat jeden Tag auftauchen, man spürte, dass sie zu so etwas durchaus in der Lage war. Sie wüsste, dass er sehr beschäftigt sei, dass er viel Arbeit habe (was mir zweifelhaft erschien – es war immerhin drei Uhr nachmittags, und der Kerl schien es nicht gerade eilig zu haben). In diesem Moment warf er einen etwas trüben Blick um sich, aber wir befanden uns erst an der Station Daumesnil. Der Brief schloss mit folgendem Satz: *«I love you and I don't want to lose you.»* Ich fand das ausgesprochen schön. Es gibt Tage, an denen ich gern so schreiben würde.

Sie hatte mit *«Yours Ann-Katrin»* unterschrieben und um ihre Unterschrift Herzchen gemalt. Es war Freitag, der 14. Februar, Sankt-Valentins-Tag (es heißt, dass dieser ursprünglich angelsächsische Handelsbrauch in den nordischen Ländern großen Anklang gefunden hat). Ich sagte mir, dass die Frauen manchmal wirklich mutig sind.

Der Kerl stieg an der Bastille aus, ich auch. Einen Augenblick hatte ich Lust, ihm zu folgen (ging er in eine Tapasbar oder was?), aber ich hatte einen Termin mit Bertrand Leclair von *La Quinzaine littéraire*. Ich hatte in Erwägung gezogen, für meine Chronik mit Bertrand Leclair eine Polemik über Balzac zu entfachen. Zunächst weil ich das «Balzac'sche», ein Adjektiv, mit dem er sich von Zeit zu Zeit über diesen oder jenen Romancier lustig macht, nicht im Geringsten abschätzig finde; dann, weil ich die Polemiken über Céline, einen überbewerteten Autor, ein wenig satt habe. Letztlich hat Bertrand aber keine große Lust mehr, Balzac zu kritisieren. Im Gegenteil, er ist von dessen großer Freiheit erstaunt. Er denkt scheinbar, dass es nicht unbedingt einer Katastrophe gleichkäme, wenn wir heute Balzac'sche Romanciers hätten. Wir stimmen darin überein, dass ein Romancier solchen Schlages zwangsläufig viele Klischees produziert; dass es eine andere Frage ist, ob diese Klischees heute noch Gültigkeit haben; dass es angebracht ist, dies in jedem einzelnen Fall zu untersuchen. Ende der Polemik. Ich denke an diese arme Ann-Katrin, von der ich mir vorstelle, dass sie die pathetischen Züge Eugénie Grandets hat (es ist der Eindruck der außergewöhnlichen Vitalität, die alle Romangestalten Balzacs ausstrahlen, seien sie erschütternd oder abscheulich). Da sind zum einen jene, die nicht totzukriegen sind, die in jedem Buch wieder auftauchen (schade, dass er

Bernard Tapie nicht gekannt hat). Da sind zum andern jene erhabenen Gestalten, die man sofort im Gedächtnis behält – eben gerade, weil sie erhaben sind und dennoch real. Balzac, ein Realist? Man könnte genauso gut «Romantiker» sagen. Wie dem auch sei, ich glaube nicht, dass er sich heute fehl am Platze fühlen würde. Schließlich gibt es im Leben noch immer Elemente eines wirklichen Melodramas. Übrigens vor allem im Leben der anderen.

Nur eine Gewohnheitsfrage

Am Samstagnachmittag organisierte das Festival für Romandebüts in Chambéry aus Anlass der Buchmesse eine Debatte zum Thema: «Ist das Romandebüt ein Handelsprodukt geworden?» Für die Sache waren anderthalb Stunden vorgesehen, leider gab Bernard Simeone sofort die richtige Antwort, sie lautete JA. Er erklärte sogar klar die Gründe dafür: Die Öffentlichkeit brauche in der Literatur wie anderswo auch neue Gesichter (ich glaube übrigens, er benutzte den brutaleren Ausdruck «frisches Fleisch»). Es sei kein Verdienst, die Dinge klar zu sehen, entschuldigte er sich. Er verbrächte die Hälfte seines Lebens in Italien, einem Land, das ihm in vielerlei Hinsicht wie die *Avantgarde des Schlimmsten* erscheine. Danach schweifte die Debatte ab, man sprach über die Rolle der Literaturkritik, ein verworreneres Thema.

Konkret geht die Sache Ende August los, mit Slogans wie «Der neue Romancier ist da» (Gruppenfoto auf dem Pont des Arts oder in einer Autowerkstatt in Maisons-Alfort) und endet im November mit der Übergabe der Preise. Danach gibt es den neuen Beaujolais, das Weihnachtsbier, all das ermöglicht es, bis zu den Festtagen durchzuhalten. Das Leben ist nicht so schwer, es ist nur eine Gewohnheitsfrage. Nebenbei sei die Hommage betont, die die Industrie der Literatur erweist, denn sie assoziiert die literarischen Wonnen mit der dunkelsten Periode, mit dem Beginn des Winters, mit dem Beginn des Tunnels. Roland-Garros dagegen wird eher im Juni organisiert. Ich bin jedenfalls der Letzte, der meine Kollegen kritisieren würde, die alles Mögliche tun, ohne jemals genau zu verstehen, was man von ihnen verlangt. Ich persönlich hatte viel Glück. Nur mit *Capital*, der Zeitschrift der Gruppe Ganz (die ich übrigens mit der Sendung gleichen Namens auf M6 verwechselte), gab es einen kleinen Ausrutscher. Das Mädel hatte keine Kamera dabei, was mich hätte stutzig machen müssen. Ich war immerhin überrascht, als sie mir gestand, dass sie keine einzige Zeile gelesen hatte. Erst als ich später das Sonderheft «KADER AM TAG, SCHRIFTSTELLER IN DER NACHT: NICHT LEICHT, ES MIT PROUST ODER SULITZER AUFZUNEHMEN» las (in dem meine Kommentare, ganz nebenbei, nicht abgedruckt worden waren), begriff ich. In Wirklichkeit wollte sie, dass ich ihr meine *wunderbare Geschichte* erzählte. Das hätte sie mir vorher sagen sollen, dann hätte ich etwas vorbereiten können, mit Maurice Nadeau als altem besoffenem König und Valérie Taillefer in der Rolle der kleinen Glöckchenfee. «Geh zu Nadd-hô, mein Sohn. Er ist der Talisman, das Gedächtnis, der Hüter unserer heiligsten Traditionen.» Oder mehr in Richtung *Rocky*, in Richtung Gehirnversion: «Mit seiner Tabellenkalkulation gerüstet, kämpft er am Tage mit den *tight flows*; in der Nacht dagegen klopft er mit seinem Textverarbeitungsprogramm die Periphrasen ab. Seine einzige Stärke: der Glaube an sich selbst.» Anstatt dessen war ich unbedacht offen, ja aggressiv. Man kann keine Wunder erwarten, wenn man uns nicht das Konzept erklärt. Es stimmt zwar, dass ich mir die Zeitschrift hätte besorgen müssen, aber ich hatte keine Zeit (bemerkenswert ist, dass *Capital* vor allem von Arbeitslosen gelesen wird, eine Tatsache, die mich nicht wirklich zum Lachen bringt).

Ein anderes, beunruhigenderes Missverständnis, später, in einer der Stadtbibliotheken von Grenoble. Wider Erwarten hat die Politik zur Förderung der Lektüre bei den Jugendlichen vor Ort Erfolg. Viele Wortmeldungen in der Art von: «He, Monsieur Schriftsteller, du gibst mir 'ne Botschaft, du gibst mir Hoffnung!» Erstaunen der am Tisch sitzenden Schriftsteller. Übrigens keine prinzipielle Ablehnung. Nach und nach erinnern sie sich, dass eine der möglichen Aufgaben des Schriftstellers in längst vergangenen Zeiten in der Tat … aber so, mündlich, in zwei Minuten?

«Da steht nicht Bruel geschrieben», murmelt jemand, dessen Namen ich vergessen habe. Wenigstens sie haben scheinbar Bücher gelesen.

Zum Abschluss gab es glücklicherweise die präzise, leuchtende, ehrliche Rede von Jacques Charmetz, der das Festival von Chambéry (vor noch gar nicht langer Zeit, als das Romandebüt noch mehr war als ein Konzept) ins Leben gerufen hat: «Dafür sind sie nicht zuständig. Fragt sie, ob ihr eine bestimmte Form von Wahrheit wollt, sei sie allegorisch oder real. Fragt sie, ob ihr an die Wunden rühren und wenn möglich Salz hineinstreuen wollt.» Ich zitiere aus dem Gedächtnis, aber dennoch: Danke.

«Er existiert nicht. Verstehst du? Er existiert nicht.»
«Ja, ich verstehe.»
«Ich existiere. Du existierst. Aber er existiert nicht.»
Nachdem sie die Nicht-Existenz von Bruno nachgewiesen hatte, streichelte die vierzigjährige Frau zärtlich die Hand ihrer weit jüngeren Gefährtin. Sie ähnelte einer Feministin, sie trug im Übrigen auch den Pullover einer Feministin. Die andere schien Varietésängerin zu sein, an einer Stelle sprach sie von Galavorstellungen (oder vielleicht von Jammervorstellungen, ich habe sie nicht sehr gut verstanden). Während sie vor sich hin nuschelte, gewöhnte sie sich langsam an Brunos Verschwinden. Leider versuchte sie gegen Ende der Mahlzeit, die Existenz von Serge nachzuweisen. Pullover regte sich heftig darüber auf.
«Kann ich dir weiter davon erzählen?», fragte die andere schüchtern.
«Ja, aber mach's kurz.»
Nachdem sie gegangen waren, holte ich eine umfangreiche Mappe mit Zeitungsausschnitten hervor. Seit vierzehn Tagen versuchte ich zum zwanzigsten Mal, mich von den Aussichten des menschlichen Klonens terrorisieren zu lassen. Man muss sagen, dass sich die Sache schlecht anlässt, mit diesem braven schottischen Schaf (das zudem, wie man in den Nachrichten auf TF1 hat feststellen können, verblüffend normal blökt). Wenn das Ziel darin bestand, uns Angst zu machen, wäre es sinnvoller gewesen, Spinnen zu klonen. Ich versuche, mir zwanzig über den Planeten verstreute Wesen vorzustellen, die den gleichen genetischen Code tragen wie ich. Ich bin verwirrt, das stimmt (sogar Bill Clinton ist

verwirrt, das will was heißen), aber terrorisiert, nein, nicht gerade. Ist es so weit gekommen, dass mir mein genetischer Code egal geworden ist? Auch das nicht. Verwirrt ist ganz entschieden das richtige Wort. Nach der Lektüre einiger Artikel wird mir klar, dass das Problem woanders liegt. Im Gegensatz zu dem, was die Leute gedankenlos wiederholen, ist die Behauptung falsch, der zufolge «sich die beiden Geschlechter unabhängig voneinander fortpflanzen können». Zum gegenwärtigen Zeitpunkt kommt man um die Frau «nicht herum», wie *Le Figaro* zutreffend unterstreicht. Dagegen ist wahr, dass der Mann zu so gut wie nichts mehr gut ist (eine Beleidigung bei der Sache ist übrigens, dass das Spermatozoon durch einen «leichten elektrischen Schlag» ersetzt wird; das wirkt ein wenig cheap). Wozu sind Männer im Grunde gut? Vorstellbar ist, dass in vergangenen Zeiten, als es zahlreiche Bären gab, die Männlichkeit eine spezifische und unersetzliche Rolle spielte. Und heute, fragt man sich?

Das letzte Mal hörte ich von Valérie Solanas in *Flowers*; einem Buch von Michel Bulteau, der sie 1976 in New York getroffen hatte. Das Buch ist dreizehn Jahre später geschrieben worden. Die Begegnung hat ihn sichtlich erschüttert. Er beschreibt ein Mädchen «mit grünlicher Haut, verdreckten Haaren, bekleidet mit einer Blue Jeans und einer vor Dreck starrenden Drillichjacke». Sie bedauerte es überhaupt nicht, auf Andy Warhol, den Vater des künstlerischen Klonens, geschossen zu haben: «Wenn ich diesen Schuft wieder sehen sollte, bin ich imstande, von vorn zu beginnen.» Noch weniger bedauerte sie, die SCUM-Bewegung *(Society for Cutting Up Men)* ins Leben gerufen zu haben, und bereitete sich darauf vor, auf ihr Manifest Taten folgen zu lassen. Seit-

dem herrscht Schweigen im Lande. Ist sie etwa tot? Noch seltsamer ist, dass das berühmte Manifest aus den Buchhandlungen verschwunden ist. Will man sich eine fragmentarische Vorstellung von ihm machen, ist man gezwungen, bis spät abends Arte anzuschauen und Delphine Seyrigs Stimme zu ertragen. Es lohnt sich, trotz all dieser Unannehmlichkeiten: Die Auszüge, die ich hören konnte, sind wirklich beeindruckend. Heute sind dank Dolly, dem Schaf-der-Zukunft, die technischen Bedingungen dafür gegeben, Valérie Solanas' Traum zu verwirklichen: eine Welt, die sich ausschließlich aus Frauen zusammensetzt. (Übrigens entwickelte die spritzige Valérie Ideen zu ganz verschiedenen Themen: «Wir fordern die sofortige Abschaffung des Währungssystems», schrieb ich mir nebenbei auf. Wirklich, es ist Zeit, diesen Text neu zu verlegen.)
(Indessen schläft der verschlagene Andy in flüssigem Stickstoff, in Erwartung einer äußerst hypothetischen Wiederauferstehung.)
Für die, die es interessiert: Es ist möglich, dass das Experiment demnächst in Angriff genommen wird, vielleicht in kleinerem Maßstab. Ich hoffe, die Männer werden es verstehen, in aller Ruhe zu verschwinden. Trotzdem ein letzter Ratschlag, um auf einer soliden Grundlage zu beginnen: Vermeiden Sie, Valérie Solanas zu klonen.

Die Bärenhaut

Letzten Sommer, ungefähr Mitte Juli, verkündete Bruno Masure in den 20-Uhr-Nachrichten, dass eine amerikanische Sonde gerade Spuren fossilen Lebens auf dem Planeten Mars entdeckt hätte. Es bestünden keine Zweifel: Die Millionen von Jahren alten Moleküle, deren Gegenwart man gerade entdeckt hatte, seien biologische Moleküle, denen man außerhalb lebender Organismen nie begegnet sei. Im vorliegenden Fall handle es sich bei den Organismen um Bakterien, wahrscheinlich um Methanbakterien. Nachdem er dies ausgeführt hatte, ging er zum nächsten Thema über. Der Fund interessierte ihn sichtlich weniger als Bosnien. Diese geringe Beachtung durch die Medien scheint gerechtfertigt durch den unspektakulären Charakter des bakteriellen Lebens. Die Bakterie führt in der Tat ein friedliches Leben. Sie wächst, indem sie der Umgebung eine einfache und wenig abwechslungsreiche Nahrung entnimmt. Dann pflanzt sie sich recht eintönig fort, nämlich durch fortwährende Teilung. Die Qualen und Wonnen der Sexualität bleiben ihr für immer unbekannt. Solange die Bedingungen günstig sind, fährt sie mit der Fortpflanzung fort *(Jahve zieht sie vor in seinem Angesicht, und ihre Nachkommen sind zahlreich).* Dann stirbt sie. Kein unbedachter Ehrgeiz besudelt ihre begrenzte und vollkommene Wegstrecke. Die Bakterie ist schließlich keine Balzac'sche Figur. Sicher, es kann passieren, dass sie in einem Gastorganismus ein ruhiges Leben führt (zum Beispiel in dem des Teckels) und dass der betroffene Organismus darunter leidet, ja, völlig von ihr zerstört wird. Der Bakterie ist das jedoch überhaupt nicht bewusst, und die Krankheit, deren aktiver Träger sie ist, gedeiht, ohne dass dies ihren inneren Frieden beeinträchtigen würde. Die Bakterie ist als solche fehlerlos; sie ist ebenfalls völlig uninteressant.

Das Ereignis blieb als solches bestehen. Auf einem Planeten nahe der Erde konnten sich biologische Makromoleküle zusammenschließen, vage, sich ungeschlechtlich fortpflanzende Strukturen herausbilden, die sich aus einem primitiven Kern und einer unbekannten Membran zusammensetzten. Dann hörte alles auf, wahrscheinlich unter dem Einfluss eines Klimawechsels. Die Fortpflanzung wurde immer schwieriger, bevor sie völlig zum Stillstand kam. Die Geschichte des Lebens auf dem Mars stellte sich als eine bescheidene Geschichte heraus. Dieser winzige Bericht über einen ein wenig kraftlosen Misserfolg widersprach heftig sämtlichen mythischen oder religiösen Konstrukten, an denen sich die Menschheit gewöhnlich ergötzt. Es gab keinen einzigartigen, grandiosen Akt der Schöpfung, es gab kein auserwähltes Volk, nicht einmal eine auserwählte Gattung oder einen auserwählten Planeten. Es gab im Universum lediglich überall unsichere und im Allgemeinen wenig überzeugende Versuche. All das war zudem unerträglich monoton. Die DNS der auf dem Mars gefundenen Bakterien entsprach genau der DNS der irdischen Bakterien. Diese Feststellung vor allem war es, die mich irgendwie traurig stimmte, in solchem Maße schien diese radikale genetische Identität ermüdende historische Übereinstimmungen zu versprechen. Hinter der Bakterie spürte man summa summarum bereits den Tutsi oder den Serben, mit einem Wort all jene Leute, die sich in genauso langwierigen wie endlosen Konflikten verzetteln.

Das Leben auf dem Mars hatte immerhin die extrem gute Idee aufzuhören, bevor es größeren Schaden angerichtet hatte. Vom Beispiel des Mars ermutigt, begann ich, ein schnelles Plädoyer für die Vernichtung der Bären abzufassen. Damals hatte man in den Pyrenäen erneut ein Bärenpärchen ausgesetzt, was die Unzufriedenheit der Schafzüchter hervorrief. Der Starrsinn, mit dem man diese

Sohlengänger dem Nichts entreißen wollte, hatte in der Tat etwas Perverses, etwas Ungesundes. Natürlich wurde die Maßnahme von den Umweltschützern unterstützt. Man hatte erst das Weibchen, dann einige Kilometer davon entfernt das Männchen ausgesetzt. Diese Leute waren wirklich lächerlich. Keinerlei Würde.

Als ich mich mit meinem Projekt der Vernichtung der stellvertretenden Direktorin einer Kunstgalerie anvertraute, setzte sie mir ein originelles, vom Wesen her eher kulturgeschichtliches Argument entgegen. Ihr zufolge müsste der Bär geschützt werden, weil er im Gedächtnis der Menschheit zur ältesten Kultur gehöre. Die beiden ältesten bekannten Darstellungen seien in der Tat ein Bär und ein weibliches Geschlecht. Die jüngsten Datierungen gäben dem Bären sogar einen leichten Vorsprung. Das Mammut, der Phallus? Sie seien viel, viel jüngeren Datums. Das käme gar nicht in Betracht. Diesem glaubwürdigen Argument beugte ich mich. So sei es, legen wir uns ins Zeug für die Bären. Für die Sommerferien empfehle ich Lanzarote, das dem Planeten Mars sehr ähnlich sieht.

rowohlt paperback

Frédéric Beigbeder
Memoiren eines Sohnes aus schlechtem Hause *Roman*
(paperback 23095)
Eine Jugend im Paris der neunziger Jahre: postmoderner Nihilismus, ausschweifender Lebensstil, Eliteausbildung und endlose Nächte in Szene-Bars...

Elfriede Jelinek
Macht nichts *Eine kleine Trilogie des Todes*
(paperback 22683)
«Im ersten Teil hat eine Täterin gesprochen, die nie eine sein wollte, im letzten Teil spricht ein Opfer, das auch nie eines sein wollte. Die Zeiten, da alle Opfer werden sein wollen, sollen ja erst noch kommen.»
Elfriede Jelinek

John Updike
Beck in Bedrängnis. *Fast ein Roman*
(paperback 22718)

Stewart O'Nan
Die Armee der Superhelden
Erzählungen
(paperback 22675)
In diesen preisgekrönten Erzählungen entfaltet Stewart O'Nan die ganze Bandbreite menschlichen Lebens zwischen Verzweiflung und Hoffnung. «O'Nans spannendes Werk ist zum Heulen traurig und voller Schönheit, seine Sprache genau und von bestechendem Charme.»
Der Spiegel

Literatur

Thor Kunkel
Das Schwarzlicht-Terrarium
Roman
(paperback 22646)
Thor Kunkels Roman vermischt Elemente der schwarzen Komödie mit Pulp-Fiction und utopisch-technischer Phantasie zu einem ebenso düsteren wie hellsichtigen Panorama der siebziger Jahre.
Ein Brief an Hanny Porter
Roman
(paperback 22678)

Virginie Despentes
Wölfe fangen *Roman*
(paperback 22331)
Pauline und Claudine *Roman*
(paperback 22647)

Weiter Informationen in der **Rowohlt Revue**, kostenlos in Ihrer Buchhandlung, und im **Internet: www.rororo.de**

3719/6

Romane und Erzählungen

D. W. Buffa
Nichts als die Wahrheit
Antonellis erster Fall
(rororo 22771)
«Ein ebenso intelligentes wie spannendes Buch.» FAZ

Michael Crichton
Die Gedanken des Bösen
Roman
(rororo 22798)
«Ein atemberaubend spannendes Buch.» *New York Times Book Review*

Erri De Luca
Die Asche des Lebens
Erzählung
(rororo 22407)
Das Meer der Erinnerung
Roman
(rororo 22743)

Klaus Harpprecht
Die Leute von Port Madeleine
Dorfgeschichten aus der Provence
(rororo 22746)

Jacques Neirynck
Die letzten Tage des Vatikan
Roman
(rororo 22759)
«Der Roman ist vielschichtig, verwickelt und voller Überraschungen ... voller kühner, kluger Gedanken, voller Wärme und hochunterhaltsam.» *Der Spiegel*

Chaim Potok
Novembernächte *Die Geschichte der Familie Slepak*
(rororo 22800)
«Eine ergreifende Familienchronik und eine Nachhilfestunde in russischer Revolution.» *Focus*

rororo Literatur

Nicholas Shakespeare
Der Obrist und die Tänzerin
Roman
(rororo 22619)
«Ein spannender und poetischer Roman über Gewalt, Ethik und Liebe.» *Süddeutsche Zeitung*

Oliver Stone
Night Dream *Roman*
(rororo 22885)
Hemmungslos provozierend wie in seinen Filmen betritt Oliver Stone jetzt die literarische Szene. In seinem ersten Roman verlässt der neunzehnjährige Held seine Eltern, bricht sein Studium in Yale ab und geht nach Vietnam.

Wei-Wei
Die Farbe des Glücks *Roman*
(rororo 22788)
«Eine wunderbare chinesische Familiengeschichte, rührend, lebensnah und mitreißend.» *Cosmopolitan*

Weitere Informationen in der **Rowohlt Revue**, kostenlos in Ihrer Buchhandlung oder im **Internet: www.rowohlt.de**

3287/9

Philip Roth

Philip Roth, wurde am 19. März 1933 in Newark / New Jersey geboren. Er studierte an der Bucknell Universitiy in Lewisburg / Pennsylvania und graduierte 1965 an der Universität Chicago zum Master of Arts für englische Literatur.
«Ein Erzähler, handfest und lebensnah ...»
Martin Lüdke, Der Spiegel

Mein Leben als Mann *Roman*
(rororo 13046)

Portnoys Beschwerden *Roman*
(rororo 11731)
Auf der Psychiater-Couch beginnt Portnoys großes, ungehemmtes Beschwerde-Solo, er redet sich seine eigene Biographie vom Leibe, sorglos, komisch, obszön, befreiend.
«Ein unwahrscheinlich lesbares Buch.» *Frankfurter Allgemeine Zeitung*

Die Prager Orgie *Ein Epilog*
(rororo 12312)

Der Ghost Writer *Roman*
(rororo 12290)

Goodbye, Columbus! *Ein Kurzroman und fünf Stories*
(rororo 12210)

Die Brust
(rororo 22316)

Professor der Begierde *Roman*
(rororo 22285)
«Philip Roth besticht durch Aufrichtigkeit und Authentizität.»
Marcel Reich-Ranicki, FAZ

Mein Mann der Kommunist
Roman
(rororo 22824)

rororo Literatur

Amerikanisches Idyll *Roman*
(rororo 22433)

Täuschung *Roman*
(rororo 22927)

Sabbaths Theater *Roman*
(rororo 22310)
«Philip Roth triumphiert noch einmal mit einem grandiosen Roman: fürchterlich, unverfroren und unwiderstehlich. Sabbath ist zu einem unsterblichen Helden der Literatur geworden.»
Der Spiegel

Zuckermans Befreiung *Roman*
(rororo 12305)
Eine glanzvolle Satire auf die «Vorzüge» des Lebens im Rampenlicht.
«Der Roman ist spannend, sehr witzig und unterhaltend geschrieben.» *Frankfurter Rundschau*

Gegenleben *Roman*
(rororo 23177)

Weitere Informationen in der **Rowohlt Revue**, kostenlos in Ihrer Buchhandlung, und im **Internet: www.rororo.de**

3678/3

Tom Robbins

Tom Robbins, 1936 geboren in Virginia / USA, wuchs im Süden auf. Während des Koreakriegs lehrte der als Soldat der Air Force Meteorologie, studierte nach dem Kriegsdienst Kunst, Musik und Religion. Er lebt heute als freier Schriftsteller in der Nähe von Seattle. Seine vitalen und irrwitzigen Romane machten ihn zum Kultautor.

Halbschlaf im Froschpyjama
Roman
Deutsch von Pociao und Walter Hartmann
(rororo 22442)
An der Börse in Seattle stürzen die Kurse ab. Die Börsenmaklerin Gwendolyn Mati befürchtet, mit ihren nicht ganz sauberen Spekulationen baden zu gehen. Sie strapaziert all ihren Grips, um den Kopf aus der Schlinge zu ziehen, und wird in schicksalhafte Abenteuer verstrickt.
«Der *Halbschlaf im Froschpyjama* wird Ihnen den Schlaf rauben, mindestens eine Nacht lang.» *NDR*

Buntspecht *So was wie eine Liebesgeschichte*
(rororo 15148)

PanAroma *Jitterbug Perfume*
(rororo 15671)

Ein Platz für Hot Dogs
«Another Roadside Attraction»
(rororo 15429)

rororo Unterhaltung

Salomes siebter Schleier
Roman
(rororo 13497)

Sissy – Schicksalsjahre einer Tramperin *«Even cowgirls get the blues»*
(rororo 15324)
Sissy Hankshaw, Königin aller Tramperinnen, die sich von Jack Kerouac in einem Kornfeld am Rande des Highway züchtig anbeten ließ, blickt mit Verwunderung auf das bunte Chaos unserer Zeit, schwingt ihren Riesendaumen zumeist im Gegentakt und wird ganz nebenbei zur Galionsfigur der konsequentesten aller Amazonenrevolten.

3699/2